HIER UND JETZT
SEIN

ཧཱུྃ

ཟབ་ཐིག་མཁའ་འགྲོའི་གསང་མཛོད་ལས༔
རྫོགས་པ་ཆེན་པོ་ཉམས་སུ་བླང་བའི་ཁྲིད་
དོན་གསལ་མེ་ལོང་
བཞུགས་སོ༔

HIER UND JETZT
SEIN

Ein Dzogchen-Schatztext von Nuden Dorje

mit dem Titel

»Der Spiegel der klaren Bedeutung«

Mit einem Kommentar von

James Low

aus dem Englischen von

Robert Jaroslawski

Wandel Verlag berlin 2018

Khordong Commentary Series II

Diese Unterweisungen wurden von James Low vom 23. bis 27. Juli 1998 während des einmonatigen Retreats im Pauenhof (Deutschland) im Beisein und auf Wunsch von Chimed Rigdzin Rinpoche, dem Linienhalter dieses Textes und Inkarnation des Schatzfinders Nuden Dorje, gegeben. Eine Aufnahme des *Lung* (Textübertragung) ist über wandel-verlag.de erhältlich, s. S. 10.

Transkription von Olaf Brockmann und Ruth Kürmann.
Zusammengestellt und editiert von Andreas Ruft.
Korrigiert, vervollständigt und autorisiert von James Low.
Lektorat der deutschsprachigen Erstausgabe: Sylvester Lohninger.

Basierend auf dem *Terma »Don gSal Me Long«* von Nuden Dorje Drophan Lingpa Drolo Tsal (*Nus-lDen rDo-rje 'Gro-Phan gLing-Pa Gro-Lod rTsal*), editiert von Khordong Terchen Tulku Chimed Rigdzin Rinpoche.

Der Wurzeltext (*Don gSal Me Long*) wurde zuerst von Chimed Rigdzin Rinpoche und Gudrun Knausenberger aus dem Tibetischen ins Englische übertragen. Darauf basiert die überarbeitete Fassung von James Low.

Die Linien-Zeichnungen sind von Leho Rubis, Estland.

ISBN: 978-3-942380-25-6

Titel der Originalausgabe: Being Right Here, A Dzogchen Treasure Text of Nuden Dorje entiteled *The Mirror of Clear Meaning* © 2004 James Low, published by Snow Lion Pub., Ithaca.

Überarbeitete Neuauflage 2018, Lektorat und Gesamtgestaltung: Andreas Ruft, Berlin, basierend auf der visuellen Gestaltung der Erstausgabe von Elisabeth Frischengruber.

Gedruckt bei SDL in Berlin auf FSC zertifiziertem 100% säure-, holz- und chlorfreiem, sowie geglättetem und alterungsbeständigem Papier.

edition khordong ist eine Publikationsreihe begründet im Khordong e.V., inspiriert von Kyabje Chimed Rigdzin Rinpoche (1922-2002) und veröffentlicht beim **WANDEL VERLAG** berlin.
Bitte besuchen Sie unsere Webseiten:

www.khordong.net   www.wandel-verlag.de   www.tsagli.de   www.simplybeing.co.uk
eMail-Kontakt: edition@khordong.net   mail@wandel-verlag.de

Wandel Verlag berlin 2018

Inhalt

Vorwort

Dieser kurze Kommentar wird als eine Willkommensgeste für die Sichtweise und die Praxis von *Dzogchen*[1] dargeboten.

Der Wurzeltext wurde von *Nuden Dorje* (*Nus-lDen rDo-rje 'Gro-Phan gLing-Pa Gro-Lod rTsal*) in der Mitte des 19. Jahrhunderts verfasst. Er bildet einen Teil seiner Sammlung von Schatzlehren[2]. Dies sind Lehren, die er zuerst in seiner früheren Inkarnation als Khyötschung Lotsawa (*Khye'u-Chung Lo-Tsa-Ba*) gehört hatte, der einer der fünfundzwanzig Hauptschüler Padmasambhavas war, des großen tantrischen Meisters, der den integrativen Stil des Tibetischen Buddhismus erschaffen hatte.

Nuden Dorje hatte den größten Teil seines Lebens in Kham, in Ost-Tibet verbracht, davon viele Jahre in einsamer Klausur. Als ein Meister des *Tantra* und des *Dzogchen* war er berühmt für seinen regen Geist und sein durchschlagendes Verständnis. Die Übersetzung des Textes erfolgte unter der Anleitung seiner vierten Inkarnation, Chimed Rigdzin (1922-2002).

Chimed Rigdzin Rinpoche und Gudrun Knausenberger arbeiteten an einem ersten Entwurf der Übersetzung des Wurzeltextes. Rinpoche bat mich darum, den Entwurf durchzusehen und Verbesserungen anzubringen. Während eines kurzen aber sehr glücklichen Aufenthaltes mit ihnen zusammen in Offenbach bei Frankfurt nahm ich eine erneute Übersetzung des Textes vor. Ich war in der Lage, Rinpoche viele Fragen zu stellen und so ein präzises Verständnis der Lesart der Traditionslinie zu erlangen.

Der Text bietet eine sehr klare und authentische Darlegung der Sichtweise und der essentiellen Meditation des Dzogchen, der Praxis der nicht-dualen Erfahrung. Die Darstellung erfolgt im *Men-Ngag*-Stil der persönlichen Unterweisung, in welcher die Verwirklichung des Autors selbst destilliert ist, und welche die gelebte Erfahrung des Tertön – des spirituellen Schatzfinders – Nuden Dorje Drophan Lingpa auf eine Weise enthüllt, die wunderschön und zutiefst bedeutsam zugleich ist.

Der Text ist sehr frisch und erstrahlt im Glanz der Tautropfen seiner kurzen Überlieferungslinie. Wie eine Blüte oder ein wundervolles Kunstwerk wird er sich jenen offenbaren, die einen stillen Geist und ein Herz haben, das durch zartfühlende Aufmerksamkeit weich geworden ist. Er besteht aus kurzen Versen, die mit prägnanter Klarheit zeigen, wie sich die verschiedenen Aspekte des *Dzogchen* ineinander fügen. Der Text stellt sowohl eine authentische Darlegung der Praxis als auch die Instruktionen, wie diese anzuwenden ist, bereit.

Dzogchen wird oft als die höchste Stufe des Tibetischen Buddhismus betrachtet und stellt ein uraltes System der Verwirklichung der eigenen authentischen Natur dar. Seine Übertragungstradition ist bis heute ungebrochen und dieser Text bietet eine traditionelle Betrachtung der Schlüsselpunkte dieses Systems. Er berührt das Herz des Menschseins und betont die Notwendigkeit, alle Aspekte des eigenen Seins zu integrieren und dabei Furcht, Angst und Verleugnung zu überwinden.

Der Kommentar wurde auf Rinpoches Wunsch während seines Retreats und seiner Unterweisungen am Pfauenhof für Schüler der Traditionslinie gegeben. Meine Bemerkungen drücken die Atmosphäre dieser Zeit aus. Der Kommentar wurde nur leicht editiert, mit der Absicht, etwas von der Atmosphäre des Ereignisses beizubehalten.

Er stellt sowohl eine Erläuterung der traditionellen Konzepte, die durch den Text verkörpert werden, als auch eine Untersuchung, wie diese im modernen Alltagsleben funktionieren können, bereit. Der Kommentar erklärt die Schlüsselpraktiken und berührt die Fragen, wie mit den in der Meditation auftauchenden Schwierigkeiten umzugehen ist. Es gibt natürlich viele andere Wege, sich diesem so reichhaltigen und tiefen Text zu nähern. Ich denke, es würde dem Leser auch helfen, die Kapitel 8, 10 und 11 in meinem Buch »Aus dem Handgepäck eines tibetischen Yogi« (Engl. »Simply Being«, R.J.) zu studieren, wo viele der Probleme berührt werden, die bei dieser Art von Praxis aufkommen können.

Diesen Text zu kommentieren stellte die letzte Gelegenheit dar, in Rinpoches Gegenwart zu lehren, und ihn wieder zu lesen bringt die erleichternde Wärme und Weite seiner kraftspendenden und befreienden Seinsweise. Der Lehrer ist der eigentliche Ort der Integration; durch die Praxis des Textes wird in der Integration mit der lebendigen Gegenwart des Lehrers die Natur des Lebens enthüllt, wobei der Lehrer natürlich keine Entität, sondern ein Beziehungsfeld ist.

Viele Menschen haben zur Herstellung dieses Buches beigetragen; alle unsere Bemühungen verbinden sich mit den Anstrengungen anderer. Insbesondere war Andreas Ruft eine treibende Kraft dieses Projektes – ausdauernd, ruhig und enthusiastisch zugleich.

Möge all unsre geschäftige Tätigkeit
euch Erleichterung und Leichtigkeit bringen.

James Low, London, April 2003

Anmerkung und Dank

Alle Begriffe des Tibetischen und in Sanskrit werden kursiv wiedergegeben. Die tibetischen Begriffe werden bei ihrem ersten Auftreten in Klammern in der Transkription gemäß einem von Chimed Rigdzin Rinpoche modifizierten Wylie-System wiedergegeben: Die Hauptkonsonante einer jeden Silbe wurde groß geschrieben, um jede Mehrdeutigkeit zu vermeiden, und die Wiedererkennung des Wortes und dessen mögliche Aussprache etwas zu erleichtern.

Wir möchten all jenen danken, die zu dieser Arbeit beigetragen haben, insbesondere Ruth Kürmann und Olaf Brockmann, die die Vorträge transkribiert haben, Leho Rubis für die Zeichnungen, Wolfgang Zimmermann für seine Beständigkeit, Robert Jaroslawski für die Übersetzung und dem Sequoyah Verlag – Edition Mandarava dafür, die deutsche Erstauflage dieser Vorträge einem breiteren Publikum zugänglich gemacht zu haben.

Nicht zuletzt geht unser Dank an unseren geliebten und verehrten Lehrer Chimed Rigdzin Rinpoche, der uns diese tiefen und bedeutungsvollen Lehren seines Herzens anvertraute. Kein Teil dieser Arbeit wäre ohne seine Großzügigkeit möglich. Es war Rinpoches Wunsch und Tradition, solche Texte nicht ohne entsprechenden *Lung* (Textübertragung) herauszugeben und er hat uns dafür eine Tonaufnahme einer solchen Zeremonie aufnehmen lassen. Diese ist über www.khordong.net oder die edition khordong auf Wandel-Verlag.de* erhältlich.

Andreas Ruft, edition khordong, Berlin 2003/2018

* https://www.wandel-verlag.de/don-gsal-me-long-lung/

Khordong Terchen Tulku
Chimed Rigdzin Rinpoche
(1922-2002)

Padmasambhava

Einführende Anrufung Padmasambhavas

སྐྱབས་གནས་བསླུ་མེད་དཀོན་མཆོག་རིན་པོ་ཆེ།

ཐུགས་རྗེ་མངའ་བའི་ཨུ་རྒྱན་པདྨ་ལ།

བདག་གིས་ཇི་ལྟར་གསོལ་བ་བཏབ་པ་བཞིན།

མྱུར་དུ་འགྲུབ་པར་བྱིན་གྱིས་བརླབས་དུ་གསོལ།

Zum kostbaren Juwel,
der meine unfehlbare Zuflucht ist,
Zu Urgyen Padma voller Mitgefühl,
Bete ich um den Segen,
dass alles worum ich bitte,
Schnell vollendet werden möge.

Siebenzeilen Gebet an Padmasambhava

ཧཱུྃ༔ ཨུ་རྒྱན་ཡུལ་གྱི་ནུབ་བྱང་མཚམས༔

པདྨ་གེ་སར་སྡོང་པོ་ལ༔

ཡ་མཚན་མཆོག་གི་དངོས་གྲུབ་བརྙེས༔

པདྨ་འབྱུང་གནས་ཞེས་སུ་གྲགས༔

འཁོར་དུ་མཁའ་འགྲོ་མང་པོས་བསྐོར༔

ཁྱེད་ཀྱི་རྗེས་སུ་བདག་བསྒྲུབ་ཀྱིས༔

བྱིན་གྱིས་བརླབ་ཕྱིར་གཤེགས་སུ་གསོལ༔

གུ་རུ་པདྨ་སིདྡྷི་ཧཱུྃ༔

Hung. An der nordwestlichen Grenze des Landes Urgyen
Im Herzen eines Lotus geboren,
Hast Du die wundervollsten und überragendsten Siddhis erlangt.
Als Lotusgeborener berühmt,
Bist Du von vielen Dakinis umgeben.
Indem ich Dir folge und mich auf Dich stütze,
führe ich Deine Praxis aus, daher:
Komm bitte hierher und gewähre Deinen Segen!
GURU PADMA SIDDHI HUNG

Zuflucht und Bodhicitta

༄༅། །སངས་རྒྱས་ཆོས་དང་ཚོགས་ཀྱི་མཆོག་རྣམས་ལ།

བྱང་ཆུབ་བར་དུ་བདག་ནི་སྐྱབས་སུ་མཆི།

བདག་གིས་སྦྱིན་སོགས་བགྱིས་པའི་བསོད་ནམས་ཀྱིས།

འགྲོ་ལ་ཕན་ཕྱིར་སངས་རྒྱས་འགྲུབ་པར་ཤོག །

Zu Buddha, Dharma und Sangha
Nehme ich Zuflucht, bis ich Erleuchtung erlangt habe.
Durch die aufgrund von Großzügigkeit und
anderen Tugenden geschaffenen Verdienste
Möge ich Buddhaschaft erlangen und so allen
fühlenden Wesen[3] helfen.

Tibetischer Buchstabe »A«

Einführung

Am heutigen Nachmittag nahmen wir mit Rinpoche Zuflucht, und die letzte von uns gesprochene Zufluchtsformel war: »Ich nehme Zuflucht zu meinem eigenen Geist«. Wir können dies hier zusammen dreimal wiederholen und dann versuchen herauszuschälen, was dies eigentlich bedeutet.

»*Zu meinem eigenen Geist nehme ich Zuflucht.*«
»*Zu meinem eigenen Geist nehme ich Zuflucht.*«
»*Zu meinem eigenen Geist nehme ich Zuflucht.*«

Während der nächsten vier Tage werden wir Zeit haben, den Text »Der Spiegel der klaren Bedeutung« (*Don gSal Me Long*) anzuschauen, um besser zu verstehen, was es denn eigentlich bedeutet, Zuflucht zu unserem eigenen Geist zu nehmen.

Wenn es regnet, können wir Zuflucht zu unserem Regenschirm nehmen, um uns vor dem Regen zu schützen. Wir haben einen einfachen Wunsch: trocken zu bleiben. Wir haben einen einfach auszumachenden Feind: den Regen. Dies ist auch das grundlegende Prinzip buddhistischer Zufluchtnahme: Wir haben das Leiden als unseren Hauptfeind, die Lehren des Buddha als unseren Hauptschutz und uns selbst als dasjenige, das wir zu beschützen versuchen. Uns selbst beschützen wir aber, weil wir glücklich sein wollen und uns vorstellen, dass es da Dinge gibt, die uns unglücklich machen. So haben diese Dinge, die uns unglücklich machen, eine Wirkung auf uns. Wenn wir einen Weg finden könnten, uns vor den auf uns einwirkenden Dingen zu schützen, wären wir glücklich. Schauen wir uns diese Sachlage aber genauer an, dann finden wir, dass es natürlich immer etwas komplizierter ist. Denn: Wer ist es, den zu beschützen wir versuchen, und wer oder was macht uns wirklich Schwierigkeiten?

Auf allen Ebenen der buddhistischen Lehren wird sehr klar gesagt, dass wir es selbst sind, die uns die Schwierigkeiten einbrocken. Was aber ist jener Teil von uns, der uns Probleme macht? Es ist unser Geist. So ist also unser Geist die Ursache aller unserer Probleme, und zugleich ist die höchste Ebene der Zufluchtnahme die Zuflucht zum eigenen Geist, der die Ursache aller unserer Probleme ist!

Der Geist ist die Ursache, der Anfang und der Ort von *Samsara* und er ist zugleich der Ort und die Erfahrung von *Nirvana*. Doch ist der Gebrauch des Begriffes ›Geist‹ im Buddhismus ein anderer als der gewöhnliche. Was hier als ›Geist‹ bezeichnet wird, ist nicht unser gewöhnliches Empfinden von mir als ›Ich, der Denkende‹. Er ist eher die empfundene Gegenwärtigkeit unserer Existenz und diese Gegenwärtigkeit unserer Existenz kann nicht als ein Ding oder Objekt ausgemacht werden.

Wir werden nun den Text durchgehen. Der erste Vers beginnt damit, den Grund* oder die Basis der Sichtweise des *Dzogchen* (*rDzogs Pa Chen Po*) zu untersuchen, und damit werden wir anschließend zur Diskussion der vorbereitenden Praxis übergehen.

---

* Grund wie in ›Grund und Boden‹ und nicht als ›Grund für …‹.

༡

Vers 1 ༀ

Die Sichtweise von Dzogchen

རིག་སྟོང་གདོད་ནས་དག་པ་ཟུང་འཇུག་ལམཿ
ལྷུན་གྲུབ་སྤྲོས་པའི་མཐའ་གྲོལ་ཡེ་ཤེས་རྒྱསཿ
རང་རིག་ཡེ་སངས་རྒྱས་པ་ཀུན་ཏུ་བཟངཿ
རང་ཞལ་མཇལ་བའི་མན་ངག་འདི་ཡོ་ནཿ

»Wird von dieser geheimen Unterweisung gebrauch gemacht, so kann das eigene Gesicht erblickt werden, die eigene Bewusstheit, welche der ursprünglich erleuchtete Samantabhadra ist.
Der Pfad der Einheit der ursprünglichen Reinheit von Bewusstheit und Leerheit[4] entfaltet sich als spontane Weisheit, frei von allen relativen Bedingtheiten.«

DIESER ERSTE VERS IST SO WUNDERVOLL, da er sagt, dass von allem Anfang an diese natürliche Gegenwärtigkeit[5] oder Bewusstheit vollständig mit Leerheit verschmolzen war. Die Natur dieser Verschmelzung von Leerheit und Bewusstheit aber ist vollkommen rein. Jeder dieser hier verwendeten Begriffe hat viele Bedeutungen und ich werde damit beginnen, sie jetzt ein wenig zu entwickeln.

Wenn hier von Bewusstheit und Leerheit die Rede ist, *rigtong* (*Rig sTong*), dann ist diese Bewusstheit oder *Rigpa* (*Rig Pa*) unser einfaches Sein, wenn wir einfach hier sitzen … jemand ist hier. Bevor wir wissen, wer es ist, der hier ist, gibt uns derjenige, der einfach hier ist, einen Vorgeschmack auf diesen Begriff ›Bewusstheit‹ oder *rigpa*. Wir können uns jetzt einen Augenblick Zeit nehmen, uns zu beobachten. Hier sitzen wir, wie auch immer wir sitzen, wie auch immer unser Körper beschaffen ist. Es ist nicht nötig, in einer besonderen Weise zu sitzen, um diese Beobachtung durchzuführen. Irgendwer ist jedenfalls da. Ohne darüber nachzudenken, wer es ist, der hier ist, versuchen wir einfach zu empfinden, worin diese Gegenwärtigkeit besteht, die uns ausmacht. Lasst uns damit ein paar Minuten sitzen.

So, etwas ist also da. Wir müssen nicht wissen, was es ist, aber etwas ist da. Es gibt aber auch ein Empfinden der Veränderung. Da ist eine Verbindung mit Energie. Aufgrund der Tatsache, dass es sich verändert, können wir es bereits empfinden. Vielleicht ist es schwer genau zu sagen, was es ist. Diese Qualität, eine etwas nebulöse Qualität, diese Schwierigkeit, die natürliche Gegenwärtigkeit als ein bestimmtes Ding zu fassen zu bekommen, ist eine Eigenschaft ihrer Leerheit. So ist diese Gegenwärtigkeit also eine noetische Präsenz, eine Gegenwärtigkeit von Bewusstheit, durch die all die verschiedenen Aspekte, die wir konstruieren – wir selbst und unsere Welt – erscheinen. Sie ist das Medium unserer Erfahrung. In Abhängigkeit von unserer Beziehung zu diesem Medium zeigt sich diese Erfahrung als *Samsara* oder als *Nirvana*.

So sagt der Text also, dass die Bewusstheit von allem Anfang an rein ist. Der hier verwendete Begriff *Dodne Dagpa* (*gDod Nas Dag Pa*) bedeutet, dass etwas immer schon rein gewesen ist. Zeit ist sehr wichtig. Wir erfahren unser Leben durch das Medium der Zeit. Wir denken darüber nach, was wir am Morgen machen werden, wir denken darüber nach, was wir morgen tun werden. Begegnen wir jemandem neu, so stellen wir uns vor, indem wir unsere Vergangenheit vorstellen, und wenn wir die Person mögen und mit ihr etwas zu tun haben möchten, beginnen wir sofort, einige Phantasien über oder Pläne für die Zukunft zu entwickeln.

Das Festhalten ist zeitbezogen. Es ist eine Qualität der Zeit. An Menschen oder Dingen zu haften, bedeutet zu versuchen, mit bestimmten Menschen oder Objekten zusammen zu bleiben, während wir uns durch die Zeit hindurch bewegen. Und auch Identität hat eine sehr klare Beziehung zu Zeit. Wir sind unsere Geschichte.

Der Text spricht aber über die Natur des Geistes, über die wahre Natur des Geistes, als etwas, das in Unendlichkeit da war, ohne irgendeinen Anfang. Also noch bevor wir geboren wurden, bevor unsere Eltern geboren wurden, bevor unsere Länder entstanden, vor dem Urknall, vor der Entstehung des Universums: Sie war immer schon da.

Nun, natürlich haben wir schon davon gehört, dass der Buddha über die Vergänglichkeit lehrte, darüber, dass alles Erschaffene der Veränderung und der Zerstörung zustrebt. Wenn aber diese uns eigene wirkliche Natur unendlich ist, dann bedeutet das, dass sie noch vor jedem Anfang da war. Wenn sie aber keinen Anfang besitzt, dann wird sie auch kein Ende haben. Ohne einen Anfang oder ein Ende kann sie aber keine Entität* sein. Und dies ist nicht bloß ein abstraktes Konzept[6]. Es bedeutet ganz konkret: Wir sind keine Entitäten – wir sind keine Dinge. Und das bedeutet wiederum: Wir sind nicht das, wofür wir uns halten!

Wenn wir einen Schritt zur Zuflucht zurückgehen: Wenn wir Zuflucht zu dieser Natur unseres Geistes nehmen, so nehmen wir Zuflucht zu der uns unbekannten wahren Natur unserer selbst. Und wir tun dies, um unsere gewöhnliche, uns vertraute Identität loszuwerden, weil wir sie nicht mögen. Da gibt es etwas, worüber nachzudenken sich wirklich lohnt: Wenn du erfolgreich bist und erleuchtet wirst, wirst du nicht derjenige sein, der du jetzt bist. *Du* wirst nicht erleuchtet. Derjenige, der erleuchtet sein wird, wird nicht *du* sein, wie du dich jetzt kennst.

Diese Natur des Geistes, so fährt der Text fort, erscheint spontan frei von jedweden begrenzenden Aspekten. Jene begrenzenden Aspekte sind die Weisen, auf welchen wir eine Empfindung zu haben beginnen, etwas existiere als eine Entität – und auch dieser Zustand, in welchem die Trübungen auftauchen, bleibt von Weisheit durchdrungen. Und

---

* Entität: Etwas, das eine innewohnende, selbst-existierende Wirklichkeit zu haben scheint und scheinbar autonom, vom Umfeld abgeschnitten, existiert; etwas, das also als begrenzt und getrennt gesehen wird, das definiert, festgelegt und (als solches) gekannt werden könnte.

diese Qualität von Weisheit ist, sich nicht in Komplikationen zu verstricken. Mit Rinpoche haben wir alle diese Empfindung, dass es schwer ist, ihm »Sand in die Augen zu streuen«, ihn auszutricksen. Er hat ein gutes Gefühl dafür, was vor sich geht, und das ist eine Qualität von Weisheit.

Der Text fährt dann fort zu erklären, dass unsere eigene Bewusstheit nichts anderes ist als natürliche Gegenwärtigkeit, als der ursprüngliche Buddha *Kuntu Sangpo* (*Kun Tu bZang Po*), *Samantabhadra*. Wenn die Rede von *Kuntu Sangpo* ist, so ist damit sowohl Samantabhadra als auch *Samantabhadri* gemeint, als Paar. Dieses Paar ist seit sehr langer Zeit da und bildet eine eigene kleine Welt. Sie sind wie eines dieser Liebespaare in Paris im Frühling. Dies ist sehr wichtig, denn während wir beginnen, die Natur unseres Geistes zu erkennen, werden wir abgelenkt. Obgleich wir Augenblicke erfahren mögen, in denen wir wirklich gegenwärtig und ziemlich offen sind, werden wir schnell von etwas anderem abgelenkt oder angezogen. Wir betrügen die Leerheit und gehen fort, um nach einem rührigen Liebhaber zu suchen, von dem wir dann ohnehin verlassen werden. Gewöhnliche Liebe, Ego-Liebe ist also sehr flüchtig. Die Liebe dieser ursprünglichen Bewusstheit aber ist sehr, sehr verlässlich. Das Zusammensein dieses Paares ist ein wahres Symbol für die Möglichkeit, einen Zustand vollkommener Integration mit allem, was erscheint zu erlangen, ohne diesen der Ablenkungen wegen wieder zu verlassen.

Der Text fährt damit fort, zu erklären, dass es sich hierbei um einen Text handelt, dessen Absicht und Ziel es ist, uns unser eigenes Gesicht, unsere wahre Natur zu zeigen, uns diese vorzustellen. Wir alle sitzen in diesem Raum mit einem Gesicht, aber wir haben niemals unser eigenes Gesicht gesehen. Wenn wir herumschauen, können wir sehr leicht das Gesicht anderer Leute sehen. Es ist eigentlich lächerlich, dass es so leicht für mich ist, das Gesicht von, sagen wir einmal, Robert zu sehen, ich aber nicht mein eigenes Gesicht sehen kann. Ich meine, es ist wirklich vollkommen lächerlich, denn schließlich ist es mein Gesicht, und ich kann es nicht einmal sehen und muss das ganze Leben damit verbringen, die Gesichter anderer Leute anzusehen und nicht meins!

Es gibt in der tibetischen Sprache viele Ausdrücke, die sich um dieses Thema ›mein Gesicht‹ drehen: *rang ngo* (*Rang Ngo*), *rang shin*

(*Rang bZhin*), *rang shal* (*Rang Zhal*). Diese Ausdrücke nehmen alle darauf Bezug, dass dieses Etwas, das immer da ist und dasjenige ist, was wir selbst sind, vor uns völlig verborgen ist, und dies, obwohl es immer da ist und es dasjenige ist, was wir selbst sind. Wenn wir unser eigenes Gesicht sehen wollen, müssen wir in einen Spiegel schauen. Wir sehen uns selbst als Reflexion – mit einer Vertauschung von rechts und links[7]. Und indem wir uns in einem Spiegel sehen, sehen wir uns als etwas anderes als uns selbst. Dieses Uns-selbst-in-einem-Spiegel-Sehen stützt unser Empfinden, eine Entität zu sein.

In der Entwicklungspsychologie des Kindes gibt es viele Theorien, die beschreiben, wie das Egoempfinden des Selbst sich dadurch entwickelt, dass das Kind durch die Augen anderer Menschen gespiegelt wird oder tatsächlich in einen Spiegel schaut. Und noch auf dem Pfad des *Tantra*, wenn wir die Initiation erhalten und unterwiesen werden, dass wir nun *Tara* oder *Padmasambhava* oder *Vajrasattva* sind, sehen wir uns selbst in einer anderen Form. Und diese Form spiegelt in gewissem Sinne unsere eigenen guten Qualitäten oder die Möglichkeit der Transformation wider. Und doch ist es noch einen Schritt entfernt – wir werden zu etwas anderem als wir sind. Dieser Text aber sagt uns indessen, dass er uns unser eigenes Gesicht zeigen wird, so dass wir unser eigenes Gesicht unmittelbar sehen können! Das könnte ein Hinweis darauf sein, dass es, um unser Gesicht unmittelbar sehen zu können, nötig sein mag, in einer anderen Weise zu schauen.

Der Text geht dann weiter zu den vorbereitenden Übungen, die dazu dienen, uns davon abzubringen, unser Gesicht in den gewohnten Arten und Weisen anzuschauen, und dann beginnt er zu erläutern, wie wir auf neue Weise schauen können.

Wir werden also zuerst etwas über die Sichtweise der buddhistischen Praxis im Allgemeinen diskutieren und dann einen Blick auf die vorbereitenden Übungen werfen, die ich aus dem Blickwinkel der Sichtweise des *Dzogchen* betrachten will. Man kann die vorbereitenden Übungen natürlich auch aus ihrer eigenen Perspektive betrachten, man kann dabei aber auch die besondere Perspektive von *Dzogchen* einnehmen.

Hinayana und Mahayana

Allgemein gesprochen beginnt die Lehre des Buddha mit der Unterweisung des sogenannten *Hinayana*-Pfades, der darauf abzielt, uns von *Samsara* abzusondern. In diesem Zugang zur Welt verbringt man eine ganze Menge Zeit damit zu reflektieren, wie furchtbar die Erfahrung des Lebens ist. Wir tun das, um jenes Muster zu unterwandern oder zu unterbrechen, gemäß welchem wir üblicherweise den gewöhnlichen Dingen unserer Welt Bedeutung verleihen. Beispielsweise könnten wir darüber nachdenken, dass unser Körper voller Eiter und Blut, abstoßender Substanzen, Würmer und Fäkalien ist, und indem wir andere Leute als Säcke voller solcher Substanzen betrachten, wird sich unser Verlangen nach ihnen vermindern.

Wenn wir *Samsara* aufgeben und verlassen wollen, ist es immer viel einfacher, über die Fehler anderer nachzudenken. Auf diesem Pfad der Entsagung müssen alle Dinge, alle Objekte, welche die Sinne anregen und uns in das Begehren oder in den Zorn und in die Abneigung hineinziehen, also alles, was eine Intensivierung unserer Beziehung mit der Welt bewirkt, aufgegeben werden. Denn das Ziel hier ist abzukühlen und frei von der Hitze der Leidenschaften zu werden, so dass wir nach und nach verschwinden …

In der *Nyingma*-Sichtweise jedoch, um deren Praxis wir uns hier bemühen, nehmen wir die Schlüsselelemente dieser Sichtweise der Entsagung und integrieren sie. Statt wirklich zu glauben, *Samsara* sei ein schwieriger Ort, benutzen wir diese Idee als ein taktisches Druckmittel, um den Versuch zu unternehmen, das Muster unserer eigenen Anhaftung zu lockern und zu lösen. Damit ist gemeint, dass wir diese Einstellung als eine Methode nutzen, in unsere gewöhnlichen Obsessionen, Besessenheiten, weniger verwickelt zu sein, so dass wir über mehr Raum verfügen, etwas von der wahren Natur unserer Existenz zu erkennen.

Auf dem *Mahayana*-Pfad entwickeln wir dann Weisheit und Mitgefühl gemeinsam, und wir tun es wieder, um mehr Raum zu schaffen. Wenn wir uns der Aufgabe widmen wollen, anderen zu helfen, werden wir dazu nicht in der Lage sein, solange wir damit fortfahren, von uns selbst besessen zu sein.

Auf dem *Hinayana*-Pfad sagen wir, die Welt sei schlecht, und wir wollen sie verlassen, so dass es da einen Konflikt zwischen uns und der

Welt gibt. Auf dem *Mahayana*-Pfad aber versuchen wir, den Konflikt zu verinnerlichen, so dass unser Wunsch gut zu sein und anderen Wesen zu helfen sich im Konflikt mit unserer *karmischen*, tradierten Tendenz befindet, für uns selbst zu sorgen. Wenn wir andere Leute an die erste Stelle setzen, werden wir nach einer Weile beginnen, sie zu hassen. Es ist eine Sache sich vorzustellen, dass man alle fühlenden Wesen retten möchte – was ein wundervolles abstraktes Konzept ist. Wenn du aber in einer *Puja* sitzt und zu meditieren versuchst, und unser Nachbar vielleicht unser Knie anstößt, falsch singt oder die Glocke im falschen Rhythmus schlägt, könntest du etwas irritiert sein. Das wirkliche Thema des *Mahayana*-Pfades ist also der Kampf, der mit der Verpflichtung einhergeht, in Millionen von Leben sich einem fortwährenden Prozess der Hilfe für andere zu widmen. Dies bedeutet, sich unmittelbar auf die Manifestation der Begrenztheit einzulassen und sie durch Weisheit zu reinigen.

Auf dem *Hinayana*-Pfad ist das grundlegende Motiv oder Modell das eines Entsagenden, also einer Person, die ihre Familie verlässt, die ihr Heim verlässt und, die Welt hinter sich lassend, fortgeht. Auf dem *Mahayana*-Pfad ist das Hauptmotiv das eines Dieners. Man gibt seine Freiheit auf, um anderen zu dienen. Zugleich ist das aber ein freudiger Dienst, denn der Schlüssel für den Eintritt in diesen Dienst ist das Verständnis von Leerheit. So müssen wir ein gewisses Verständnis von Leerheit erlangen, sonst wird eine wirkliche Verpflichtung, im Dienste anderer fühlender Wesen zu stehen, einfach nur zur Folter für uns selbst, und wir werden in der Tat unsere fünf Geistesgifte[8] noch intensiver zum Kochen bringen. Das ist ein sehr wichtiger Punkt.

Wenn wir an einem Fluss entlanggehen und sehen, dass jemand in den Fluss fällt, so ist es sehr nett, wenn wir hineinspringen und versuchen, diesen Menschen zu retten. Wenn wir aber nicht zuvor gelernt haben zu schwimmen, dann ist das nicht sehr hilfreich. Aus der Sicht des *Mahayana*-Buddhismus sind das alles – solange wir nicht ein gewisses Verständnis von Leerheit entwickelt haben – nichts als leere Worte. Der *Dharma* ist dann nichts anderes als die vielen schönen Märchen, in denen wir vorgeben, gute Leute werden und anderen helfen zu wollen; in Wirklichkeit aber verbringen wir unsere Zeit damit, nur für uns selbst und unsere Fantasien zu sorgen.

Tantra

Der Pfad des *Tantra* weist viele verschiedene Abteilungen auf. Doch kann man den allgemeinen Stil der Praxis durch die Aufgabe kennzeichnen, das Leitmotiv, die fünf Geistesgifte in die fünf Weisheiten zu transformieren. Um aber diese Transformation auf der Ebene der Erfahrung zu vollbringen, benutzen wir die Identifikation mit der Gottheit. Wir machen Gebrauch von der Segenskraft der Gottheit, der Reichhaltigkeit und Komplexität der Meditation mit all den ästhetischen Hilfsmitteln dafür: *Tangka*, Musik, Tanz, farbenfrohe Kleider usw.

Nun, wenn wir die fünf Geistesgifte transformieren wollen, müssen wir sie zunächst besitzen. Wahrscheinlich können wir uns darauf verständigen, dass wir alle die fünf Geistesgifte haben – doch sehr oft wissen wir nicht, dass wir sie haben. Dadurch sind sie aber schwer zu transformieren. Sogar auf dem Pfad des *Tantra* müssen wir fähig sein, die Dinge so zu sehen, wie sie sind, damit wir sie zu etwas anderem transformieren können – obwohl ein großer Teil unserer Praxis mit Visualisation und dem Gebrauch des Reichtums der Methoden für die Unterstützung einer einsgerichteten Aufmerksamkeit befasst ist, wodurch wir beginnen, uns von unseren gewöhnlichen ablenkenden gedanklichen Beschäftigungen zu befreien. Denn die Aufgabe ist eine Revision[9].

Zum Beispiel gibt es in der ›*Großen Rigdzin*‹-*Puja** (Abkürzung für: *Vidyadhara Guru Sadhana* Praxis, *Terma* von Nuden Dorje) gegen Ende des Textes eine Stelle, die aus dem *Leudunma* (*gSol 'Debs Le'u bDun Ma*) stammt, wo es heißt: »Betreffend aller Objekte, die du siehst, der guten wie der schlechten Dinge – unsere Praxis ist, jene als eine Form des Körpers des Guru, des Körpers von *Padmasambhava* zu sehen …« Und daran halten wir uns. Dies ist aber auch klarerweise ein Pfad der Bemühungen, denn wir werden der Gewohnheitstendenz ausgesetzt sein, die Dinge so zu sehen, wie wir sie zu sehen gewöhnt sind. Wenn wir uns in diesem Raum umschauen, sagen wir »Oh, ich kenne

* Puja: Ein Ritualtext zur Visualisierung, der die Praxis auf eine Buddha-Gestalt beinhaltet, welche mit der Existenz des Meditierenden verschmilzt. Dadurch wird der Meditierende eins mit dem primordialen, uranfänglichen Zustand der Leerheit. Danach tritt er wieder in die Dimension der Phänomene ein, ohne eine Trennung zwischen diesen beiden Dimensionen zu erfahren.

dich. Ich habe dich schon zuvor getroffen. Du bist Robert.« Wir denken nicht sofort: »Oh, du bist *Vajrasattva*.«

Was wir hier also haben ist der Fluss unseres *Karma*. Im Tibetischen wird dies als *rang gyud* (*Rang rGyud*) bezeichnet. *Rang* bedeutet ›wir selbst‹ und *Gyud* bedeutet einfach ›Strom‹ oder ›Fluss‹; es ist das gleiche Wort, das auch für *Tantra* benutzt wird. Dieser Strom unserer gewöhnlichen Wahrnehmungen ist dasjenige, was uns an die Welt bindet. In der *tantrischen* Praxis verleihen wir diesem, während es sich manifestiert, eine andere Identifikation. So ist es also, als ob das *Karma* oder unsere Vergangenheit Bedeutungen an uns herantrüge, und wir transformieren diese Bedeutungen im Augenblick ihres Auftauchens in das *Mandala*. Was immer dann gegen diese von uns angestrebte Transformation Widerstand leistet, wird von uns als ein Dämon begriffen. Das ist der Grund, warum der Tibetische Buddhismus so viel über Dämonen spricht.

Manche der Zuhörer hier haben gerade an einem *Vajrakila*-Retreat teilgenommen, und *Vajrakila* ist sehr damit beschäftigt, mit seinem *Phurba* hineinzustoßen. Wo immer also ein Dämon oder eine Entität, eine Verdinglichung auftritt, da dringt der *Kila* ein und bewirkt deren Auflösung.

Ich weiß nicht, ob dies in Europa passiert, sicherlich jedoch im Kanada der alten Tage: Wenn sie damals einen Wald abholzten, warfen sie das Holz in einen Fluss, und da gab es einen Mann, der mit einem Stock auf diesen Stämmen stand und die Stämme mit diesem Stock auseinander trieb, damit sie sich drehen und den Fluss hinabfließen konnten. Das ist im Wesentlichen die Funktion von *Vajrakila*, denn wenn wir zu *Vajrakila* werden, halten wir den Fluss frei; wir halten den Strom des Lebens in Fluß.

Das ist die Praxis des *Tantra*. Alles fährt fort, sich zu manifestieren, in dieser leichten, freien Form, und wann immer die Stämme anfangen könnten, sich zu verkeilen, wann immer der Fluss der Erfahrung behindert werden könnte und wir versucht sein könnten, etwas aufzubauen, geben wir einen Schlag darauf – und alles bewegt sich wieder. In der ›*Großen Rigdzin*‹ gibt es viele Momente, wo wir ähnliche Dinge tun und von verschiedenen Arten von Positionierungen, Drohungen, Anflehungen und auch von Bestechung Gebrauch machen, um zu erreichen, dass sich unsere Dämonen trollen.

Wir können also vielleicht erkennen, dass durch diese verschiedenen Ebenen hindurch, also *Hinayana*, *Mahayana* und *Tantra*, das Hauptanliegen die dynamische Bewegung ist, und dass unsere Hauptfeinde jene Punkte der Stagnation sind, um die herum wir konstruierte Empfindungen von einem Selbst und der Welt aufbauen.

Nun ist die Praxis des *Dzogchen* ziemlich verschieden davon. Obwohl sie mit diesen drei Ebenen oft verwoben ist, ist die hierbei eingenommene spezifische Haltung anders. Denn sie beginnt, wie bereits anhand des ersten Verses beschrieben, mit der Sichtweise, dass alles von allem Anfang an vollkommen war. Das ist auch die Bedeutung der Namen dieses wundervollen Paares (*Samantabhadra – Samantabhadri*): ›Immer gut‹. Und da alles immer gut ist, ist es niemals schlecht. Sehr einfach.

Wenn wir also denken, dass es schlecht ist, dann liegt es daran, dass wir nicht erkannt haben, dass es immer gut ist, und wenn wir erkennen, dass es immer gut ist, dann bringt dies alles Schlechte zum Halt. Der Beweis der Erleuchtung ist auf diesem Pfad, dass wir am Ende wirklich eine gute Zeit haben. Das ist sehr wichtig, denn im Herzen der *Dzogchen*-Praxis gibt es die Auffassung, dass keine Anstrengung erforderlich ist, da die Dinge bereits vollkommen sind.

Wir haben die Neigung, uns vorzustellen, es sei unsere Pflicht, die Dinge und uns selbst zu verbessern, die Welt zu verbessern, und wie wir bei unserem Überblick über die anderen Systeme, also *Hinayana*, *Mahayana* und *Tantra* sahen, gibt es auch dort noch diese Tendenz zu glauben, dass, wenn wir nichts unternehmen, es nicht besser werden wird. *Dzogchen* beginnt aber mit der Aussage, dass von allem Anfang an alles vollkommen war, so dass es nichts zu verbessern gibt.

Jeder, der in einer kreativen Kunst tätig ist, kennt die Erfahrung, dass, wenn man ein Gemälde, ein Gedicht oder auch eine Keramik angefertigt hat und diese dann verbessern will, am Ende alles verdorben ist. Wir brauchen dort Vertrauen in unsere intuitive Beziehung [zum Kunstwerk], auf Grund derer wir sehen können: »Jetzt ist es gut!« und aufhören können. *Dzogchen* handelt von der Entwicklung einer intuitiven ästhetischen Beziehung mit der Welt. Wobei die Welt auch uns selbst mit einschließt, zusammen mit unserem Versuch, uns zu entspannen und alles frei sein zu lassen. Aber natürlich brauchen wir nichts freizulassen, denn alles ist bereits frei; wir aber stellen uns vor, die Dinge seien nicht frei, und so wollen wir sie frei machen. Zu lernen, unnötige Mühe aufzugeben, ist schwierig, da so viel von unserer Identität auf Aktivität, auf dem Tun von Dingen beruht.

Die Schlüsselfrage ist also, wie wir zu einer unmittelbaren Erfahrung dieses Flusses der Wirklichkeit gelangen können, in welcher es nichts zu tun gibt. Wie wir nicht nur in diesen Fluss eintreten, sondern dies mit der Zuversicht tun, dass wir – indem wir die Kontrolle lockern – unsere ethische Beziehung mit der Welt stärken werden und unsere Manifestation aus sich selbst heraus gut sein wird, ganz ohne unser Bemühen, gut zu sein. Natürlich bedeutet ›gut‹ hier nicht jenes ›gut‹, das in Beziehung zu ›böse‹ steht. Dieses ›gut‹ spricht von einer unendlichen Qualität einfacher Vollendung, und es wird uns vielleicht einige Zeit kosten, auch nur einen Geschmack davon zu bekommen.

An dieser Stelle sollten wir eine kleine Pause machen, um etwas Frischluft zu bekommen, und während wir an der frischen Luft sind, können wir versuchen, auf eine sehr sanfte Weise eine tatsächliche Empfindung für die Frage zu haben: »Was bedeutet es, ich zu sein?« Das ist keine Frage, die wir an uns selbst richten, sondern eher eine, die von innen nach außen aufsteigt. »Wie fühlt es sich an, ich zu sein? Was ist diese ›Ich-heit‹ von mir?«

Die Funktion von Ritualen

Eines der Dinge, die wir tun, wenn wir diesen Raum betreten, sind Verbeugungen. Sogar während der Pausen in der *Puja* gehen die Leute raus, und wenn sie zurückehren, machen sie Verbeugungen. Das ist so, weil mit Beginn des Retreats dieser Raum sich als *Mandala* des Guru konstituiert, und in diesem Sinne wird er zu einem geheiligten Raum. Indem wir die Initiation erlangen und Hingabe sowie Wertschätzung entwickeln, sind wir fähig, uns in diese zuvor begründete geheiligte Qualität des Raumes, in die hier erschaffene Energie einzustimmen und von ihr für die Praxis der Transformation Gebrauch zu machen. In der Praxis des *Tantra* ist dies genau richtig.

In der Praxis des *Dzogchen* gibt es da einen kleinen Unterschied. Wenn wir sagen, dass alles von Anbeginn an vollkommen war, dann ist dies die Sichtweise, an die wir uns zu halten trachten. Wenn wir dann einen Raum für geheiligt erklären, dann ist definitionsgemäß anderer Raum profan, weltlich, und so verursachen wir eine Aufspaltung und fällen ein Urteil inmitten dessen, was von allem Anbeginn an immer und überall vollkommen war und ist.

Über die Funktion von Ritualen gibt es viel nachzudenken, wenn wir dahin kommen, eine Sichtweise aufrechtzuerhalten, die definitiv nicht-dual ist und auf der Vorstellung natürlicher Vollkommenheit gründet. Doch natürlich, da wir ohnehin die Meditation der Verbeugungen im Zustand von Leerheit ausführen, sind wir selbst leer, der Guru, vor dem wir uns verbeugen, ist leer, und auch der Akt des Verbeugens ist leer, und so ist es nicht allzu wichtig. Wenn wir aber diese Sichtweise nicht haben und nicht über ein wirkliches Verständnis von Leerheit verfügen, birgt es Potential für Probleme. Es ist allerdings wichtig, sich dessen bewusst zu sein, da die Stimmung und die Einstellung im *Tantra* sehr viel mit dem Thema ›Respekt‹ zu tun hat. In den tantrischen Gelübden handelt sehr viel vom Respekt gegenüber dem *Guru*, Respekt gegenüber Frauen als der Verkörperung des Dakini-Prinzips, und gegenüber vielen anderen Dingen – um diese reichhaltige Empfindung aufzubauen, dass diese Welt bereits ein erleuchtetes *Mandala* ist. Das soll besagen: Im *Tantra* tränken wir, füllen wir die Aktivitäten mit zusätzlicher Bedeutsamkeit und Bedeutung. Wir reichern sie aus der Quelle des Symbolischen an.

Doch im *Dzogchen* versuchen wir die Nacktheit zu erfahren. Die Einfachheit der natürlichen Vollkommenheit der Dinge ist der Grund dafür, dass sie in jeglicher Hinsicht ohne jeden Bedarf nach Abänderung sind. So ist hier die Stimmung entspannter, und das mag manchen als nicht so respektvoll oder gar als respektlos erscheinen. Doch im Herzen der Praxis des *Dzogchen* liegt Bewusstheit, und wenn wir mit Bewusstheit handeln, spielt es keine allzu große Rolle, was wir tun. Das ist so, weil aus der Sicht des *Dzogchen* der Wert jeglichen Geschehnisses nicht in der Qualität seines Inhalts, sondern in ihrem Grund selbst liegt, und da der Grund aller Dinge rein ist, ist alles rein und hat gleichen Wert.

Meditation mit ›A‹

Wir werden jetzt eine einfache Meditation ausführen, indem wir den Laut ›A‹ benutzen. Im tibetischen Alphabet, wie auch im Sanskritalphabet, ist das ›A‹ als Selbstlaut in allen Mitlauten anwesend. So wird das ›A‹ als die Mutter aller Laute betrachtet und alle anderen Laute als Modifikationen von ›A‹. ›A‹ wird als der ursprüngliche und grundlegende Laut angesehen, als das Schriftzeichen, das Leerheit repräsentiert. Neugeborene geben oft den Laut ›A‹ von sich, und später entwickeln sie dies zu ›Mama‹ und ›Papa‹, die, während sie das Baby produzierten, auch die Laute ›Aah, aah‹ von sich gaben. So ist also das ›A‹ ziemlich wichtig. ›A‹ ist dasjenige, das uns in die Welt bringt, und wenn wir sterben, gehen wir von dieser Welt auch mit einem ›A‹ dahin.

Im *Dzogchen* schenkt man der Energie große Beachtung, sowie der Empfindung, dass alles im Universum eine bestimmte Schwingung und einen bestimmten Klang hat. Der Gebrauch des Klanges von ›A‹, dem eine sehr grundlegende Schwingung zugeschrieben wird, eine Schwingung, die an der Basis des Bewusstseins selbst liegt, hilft uns, die anderen Schwingungen sich lose schüttteln zu lassen und sich zu ordnen, denn aus dieser Sicht ist jegliche Erscheinung eine Variation auf den Klang von ›A‹. Wenn wir die Verbindung zum ›A‹ zurückverfolgen können, dann können wir erkennen, wie alles aus dem Klang von ›A‹ ersteht, und so können wir es in diese grundlegende Natur zurückbringen, indem wir dem Klang von ›A‹ gestatten, sich auszubreiten. So können wir den Klang von ›A‹ auch hinausstrahlen und eine Verbindung mit allem herstellen lassen. Denn alles ist eine Manifestation der Potentialität der grundlegenden Natur, welche die Untrennbarkeit von Bewusstheit und Leerheit ist.

In dieser Praxis können wir in unserem Herzen das weiße Schriftzeichen ›A‹ (entweder in der tibetischen Form oder als Großbuchstaben ›A‹) visualisieren, und im Raum vor uns ein zweites weißes ›A‹, und dann rezitieren wir ›Aaaaa‹ zusammen, und währenddessen halten wir unsere Bewusstheit bei diesen beiden Schriftzeichen ›A‹. Nach einer Weile lassen wir diese ›A‹s los, bis wir einfach mit dem vereint sind, was gerade da ist.

Normalerweise existieren wir in der kleinen Welt, die durch unser Empfinden erschaffen wird, ein abgetrenntes Selbst zu sein – und diese

Empfindung der Getrenntheit hat eine bestimmte Schwingung, zu der wir wieder und wieder zurückkehren. Jetzt aber benutzen wie das ›A‹, um zu unserem tieferen Zuhause zurückzukehren. Ich denke, wir können dies oft in Rinpoches Nähe erfahren. Manchmal, wenn wir seine Stimme hören oder auch nur einfach seine Gegenwart fühlen, kann dies in uns eine sanfte Erschütterung, ein inneres Beben hervorrufen, sodass die Dinge ›sich setzen‹. So werden wir jetzt diese Praxis ausprobieren, mit dem Ziel, sehr entspannt und gegenwärtig zu sein. Es gibt hierbei wirklich nichts zu erreichen. Das ist mehr eine Art Rückfahrkarte. Wir sind schon irgendwohin gegangen, und so benutzen wir das ›A‹ als den zweiten Abschnitt unserer Fahrkarte, um zum Ausgangspunkt unserer Reise zurückzukehren.

Dabei sitzen wir bequem, ohne den Körper anzustrengen, mit sehr entspanntem Empfinden für die ›A‹s, die wir gemeinsam rezitieren werden. Wir schauen nicht die Wand vor uns an, wir lassen unsere Aufmerksamkeit mitten im Raum schweben und stellen uns das ›A‹ dort vor. Wem es schwer fällt, sich ein ›A‹ vorzustellen, der kann auch seine Aufmerksamkeit einfach mitten im Raum schweben lassen. Wenn wir uns in diesen Raum hinein entspannen, dann ist es nicht unser Raum. Niemand hat dich für diesen Raum zum Polizisten ernannt. Wenn also Gedanken aufkommen, die du nicht magst, hast du kein Recht, sie zu ›verhaften‹. Wenn irgendwelche Gefühle aufkommen, um ›unerlaubt auf deinem Privatgrund zu parken‹, lasse sie einfach dort stehen. Was immer aufkommt: Es ist nicht dein Problem.

(*Rezitation der drei ›A‹; dann eine Weile stille Meditation*)

Bei dieser Art von Praxis ist ›gute‹ Meditation oder ›schlechte‹ Meditation kein Thema. Sie ist einfach etwas, das wir tun. Oft haben wir den Wunsch nach einer guten Meditation, danach, sehr frisch und klar zu sein, und dann sind wir sehr aufgebracht, wenn wir eine schlechte Meditation haben, die sehr schläfrig, unklar und voller Gedanken ist. Wenn wir uns mit Sorgen über unsere Meditation wiederfinden, dann ist das ein Zeichen dafür, dass wir nicht wissen, wie wir meditieren sollen. Patrul Rinpoche schrieb einen sehr schönen Text über die Fehler von Meditierenden, der ein Kapitel in der Sammlung »Aus dem Handgepäck eines tibetischen Yogi«[10] darstellt.

Ich schlage vor, dass wir die Meditation der drei ›A‹ wiederholen, und dann, wann immer wir soweit sind, kommen wir aus dem Zustand des ›A‹ heraus und tun etwas anderes. Was immer wir dann aber tun – wenn wir den Geschmack des ›A‹ mitnehmen, wird die Praxis kein Ende haben.

Es ist immer interessant zu sehen, wo dein Geist ist, wenn du darauf wartest, dass etwas beginnt. Überprüfe also, was du im Augenblick tust.

Wer bin ich? – Ein allgemeines Prinzip von Dzogchen

Das Problem, welches wir durch den *Dharma*, und insbesondere durch *Dzogchen* aufzulösen versuchen, ist das Problem einer Ortsbestimmung. Was ist die Natur dessen, wo sich das Sein befindet? Allgemein gesprochen haben wir dieses Empfinden: »Ich lebe hier. Ich bin innerhalb meines Körpers. Mein Körper ist hier in diesem Zimmer.« Was aber ist der Status dieses ›Daseins-Ortes‹? Woraus ist er konstruiert? Sollte er keine tragfähige Konstruktion besitzen, dann wird es auf die auf ihm beruhenden Auffassungen des ›Selbst‹ sowie alle daraus entstehenden Handlungen keinen Verlass geben.

Es gibt viele Übungen, die damit zusammenhängen, aber das Erste ist, unsere Natur zu untersuchen. Im *Dzogchen* versuchen wir immer, uns selbst zu beobachten. Nun, sich selbst zu beobachten mag einfach erscheinen. Zumindest sprachlich klingt es ziemlich einfach. Es klingt wie: »Beobachte dich selbst, beobachte deine Füße.« Wenn es aber um das Beobachten unserer Füße geht, dann ist das ziemlich einfach: Wir brauchen nur nach unten zu schauen, und hier sind sie. Wenn wir aber uns selbst beobachten wollen, müssen wir zuerst unser *Selbst* finden, damit wir es beobachten können. Um also uns selbst beobachten zu können, müssen wir danach Ausschau halten, wenn wir aber danach Ausschau halten: Was ist es denn eigentlich, wonach wir schauen?

Wenn wir akzeptieren, dass wir niemals unser eigenes Gesicht gesehen haben, dann ist das, wonach wir suchen, einfach ein Konstrukt aus Repräsentationen, und wir könnten damit enden, nach unseren Annahmen zu suchen, um sie dann zu bestätigen. Denn wir sind gewöhnt, nach Dingen zu schauen. Wenn wir uns selbst aber beobachten, wie wir ein Ding beobachten würden, dann werden wir zweifellos uns selbst unserem Selbst als ein Ding präsentieren, denn das ist es, was wir bereits seit Anbeginn des *Samsara* getan haben. *Samsara* ist nichts anderes.

Was wir also wirklich zu tun haben ist, eine neue Form der Selbstbeobachtung zu entwickeln, eine Form, die mehr wie ein ›Rumhängen‹ mit unserem Selbst ist: Bloß da sein, während wir uns selbst ›selbsten‹, und diesen Prozess, uns selbst zu ›selbsten‹ zu beobachten ... Denn wenn es nicht wir sind, die uns selbst ›selbsten‹, wer soll es dann sein? Im *Dzogchen* wird dies ›Mit jenem verweilen, der tut, was immer gerade vorgeht‹ genannt. Wenn Gedanken aufkommen, verweile mit dem, der die Gedanken denkt, die gerade erscheinen. Wenn Gefühle aufkommen, verweile mit dem, der die Gefühle fühlt. Wenn keine Gedanken und Gefühle aufkommen, dann verweile mit dem, der völlig dumpf und dumm ist. Denn jener, der die Aktivität ausführt, existiert irgendwo. Wo existiert er denn? Wenn du sorgfältig schaust, wirst du fähig sein zu sehen, wie das Selbst ins Dasein kommt. Schaust du aber nicht sorgfältig, dann wird sich dieser Punkt der Manifestation dessen, der etwas tut, immer so präsentieren, als wäre er ein ewiger Sitz des Selbst: »Ich bin ich.« Und mein Festhalten genau daran verschließt das Tor zur Befreiung.

Das zentrale Problem ist, dass von allem Anbeginn der Geist offen, ganz entspannt, ungeboren und unerschaffen war, und doch war unsere Erfahrung des Geistes von der Art: »Ich bin ich. Ich bin nicht du. Lass mich in Ruhe. Gib mir, was ich will!« Von allem Anfang an haben wir nicht gewusst, wer wir sind. Wenn ich denke: »Ich bin ich«, dann bedeutet dies, dass ich nicht realisiert habe, wer ich bin. Dieses ›Ich‹ ist der objektivierte, verfeinerte Punkt des Selbst, welcher wie der Cursor – dieser kleine Pfeil – auf dem Computerbildschirm erscheint. Es ist der Gedanke, der uns zeigt, wo wir sind, und wie dieser kleine Punkt am Computer ist es nirgendwo: Er hat keine wirkliche Existenz. Er existiert nur auf dem Bildschirm. Der Bildschirm aber ist nirgendwo. Es ist wie Flüssigkristall, eine Punktmatrix, welche das illusorische Reich des Cyberspace enthüllt.

Oder in einem mehr traditionellen Bild: Wenn wir in den Himmel schauen und einen Vogel vorbeifliegen sehen, dann sehen wir den Punkt des Vogelschnabels. Wo aber ist dieser Punkt? Der Vogel dort bewegt sich durch den Himmel. Er hinterlässt am Himmel keine Spur, und wir kriegen den Punkt an seinem Ort nicht zu fassen, weil er sich immer weiterbewegt. Was wir meinen, wenn wir »Oh, da ist ein Vogel, der am Himmel fliegt!« ausrufen, ist eine Bewegung. Wir konstruieren zwar den Begriff eines Vogels, was wir aber beobachten, ist eine Bewegung.

In der gleichen Weise ist der Geist seiner Natur nach sehr kreativ. Gedanken, Gefühle und Empfindungen entstehen ohne Unterbrechung, und wir selbst weisen ihnen Positionen und Orte zu, halten sie gegeneinander und schaffen dadurch die Illusion einer Trennung zwischen Selbst und Anderem. Obwohl wir allgemein sagen können, dass *Samsara* vor sehr lange Zeit begann, müssen wir, wenn wir wirklich den Punkt sehen wollen, an dem *Samsara* entsteht, in unseren eigenen Geist schauen! Denn der Punkt, an dem *Samsara* entsteht, ist dort, wo man sich desjenigen, der das Denken, Fühlen und Empfinden tut, nicht bewusst wird. Wer aber ist es, der dies alles tut? Nun, ich könnte sagen: Der, der jetzt spricht. Ich spreche! Das ist ganz einfach: Ich bin es! Ich weiß, dass ich rede, weil ich das Reden mag. Ich habe also ausreichend viel gesprochen, um den Klang meiner Stimme zu kennen, wie er aus mir rauskommt und in meine Ohren zurückkehrt. Aber es wäre für mich viel besser, nicht zu wissen, wer ich bin! Denn indem ich weiß, wer ich bin, werde ich ganz faul und gebe mich mit der Annahme zufrieden, dass ich bin, wer ich zu sein glaube. Also höre ich auf zu beobachten und verbringe auf diese Weise mein Leben als ein Freund von *Samsara*.

Wer also macht dies alles? Niemand kann es mir sagen, denn dieses Tun ist eine Erfahrung, es ist keine Entität, kein Ding. Wenn es nur darum ginge herauszufinden, wer der Schuldige ist, bräuchte man nur eine Ermittlung durchzuführen. Doch mit dieser Art von Ermittlung würde man keinen Schuldigen finden. Also braucht man eine andere Art der Untersuchung, und diese Art der Untersuchung hat wenig mit einer polizeilichen Ermittlung zu tun. Es geht um eine freundliche Untersuchung! Nur wenn wir mit uns selbst Freundschaft schließen können, uns selbst küssen und kraulen können, beginnen wir auch zu entspannen. Und dann, wenn wir erst richtig gut darin geworden sind, können wir beginnen, mit uns selbst ›Liebe zu machen‹ – und dann lösen wir uns ganz auf und verursachen uns selbst keine Schwierigkeiten mehr. Das ist das allgemeine Prinzip von *Dzogchen*, und diese Freude,

Entspannung und Spontaneität, dieses Loslassen, diese Leichtigkeit und dieses Vertrauen, all diese freudvollen Qualitäten sind der Weg.

Zuflucht und die Praxis von ›A‹

In der *Mahayana*-Tradition haben wir in Bezug auf das *Bodhisattva*-Gelübde eine Zweiteilung. Der erste Aspekt ist die Intention, die Absicht für das Wohl aller Wesen zu handeln, der zweite Aspekt aber ist das tatsächliche Handeln zum Wohle aller Wesen. Wir beginnen also mit der Idee: »Ja, ich werde allen Wesen helfen«, und dann beginnen wir uns wirklich auf Wegen zu engagieren, die anderen einen gewissen Nutzen bringen.

Im *Dzogchen* gibt es ein ähnliches Muster in Bezug auf die Zuflucht. Wir können sagen: »Ich nehme Zuflucht zum *Buddha*« oder »Ich nehme Zuflucht zum *Guru*«. Der *Buddha* oder der *Guru* sind dort, und jetzt werde ich eine Beziehung mit ihnen aufnehmen, in der Hoffnung, dass sie etwas Schutz gewähren werden.

Das Strukturelement hier ist die Absicht und es ist genau diese Struktur der Absichtlichkeit, die Trennung schafft, da wir und dasjenige, in das wir Zuflucht nehmen, getrennt sind. Wir können uns aber auch mit dem Objekt der Zuflucht unmittelbar vereinen.

Wir werden jetzt also diese kurze Übung machen, bei der wir dreimal das ›A‹ sagen und dabei das ›A‹ in unserem Herzen und im Raum vor uns visualisieren. Das vor uns visualisierte ›A‹ ist die Essenz jeglicher Zuflucht, die Essenz unserer eigenen Lehrer und jeder nur erdenklichen Zuflucht, die es jemals gegeben hat. Es ist die Vereinigung aller Lehrer. Der erste und wichtigste Lehrer für uns ist unsere Mutter, die uns normalerweise zu laufen, zu essen und zu sprechen lehrt. Dann gehen wir zur Schule und begegnen dort all den Menschen, die uns all das lehren, was wir brauchen, um uns in den *Dharma* zu vertiefen.

Ein grundlegendes Prinzip im Buddhismus ist, dass alle Erscheinungen[11] aufgrund des Entstehens in wechselseitiger Abhängigkeit miteinander verbunden sind. Wir tun also gut daran zu vermeiden, manche unserer Lehrer als besonderes wichtig herauszusondern, während wir andere als nicht gerade wichtig ausgrenzen.

Wir führen jetzt diese Übung aus, indem wir uns gestatten, uns sehr sanft mit der Gegenwart all dieser vielfachen Zuflucht zu vereinen.

Wenn wir das ›A‹ loslassen und in diesem Zustand ruhen, dann wird uns tatsächlich höchster Schutz zuteil: die Vereinigung unseres eigenen Zustands mit dem grundlegenden Zustand jeglicher Erscheinung.

(*Rezitation der drei ›A‹*)

Entspannt euch einfach. Es ist gar nicht so schlecht, wenn ein Kind während der Meditation in unserer Mitte spielt – wenn unser eigener Geist spielt, wird das wahrscheinlich sehr viel mehr Probleme erzeugen als das Spiel eines Kindes, und im *Dzogchen* versuchen wir ohnehin alles zu integrieren, was auftaucht. Unser Anliegen ist hier, einen Raum dafür zu schaffen, dass Erfahrungen kommen und vorbeigehen können und nicht, eine stabile, festgelegte Meditation aufrecht zu erhalten. Nun kehren wir zum Text zurück:

༢

ༀ Vers 2

Allgemeine Unterweisungen

ངེས་དོན་སྟོན་པའི་བླ་མ་ལ་བསྟེན་ནས༔

དབང་ལུང་མན་ངག་དམར་ཁྲིད་ལེགས་ཐོབ་ནས༔

དབེན་པའི་གནས་སུ་ཐུན་བཞི་དྲུག་ལ་སོགས༔

རང་གི་ཁམས་བསྟུན་ཐོག་མར་བློ་སྦྱོང་གཅེས༔

»Indem du dich auf den Guru stützt, der dir die endgültige Bedeutung zeigt, und nachdem du ferner die Ermächtigungen, Erlaubnisse und Unterweisungen korrekt erhalten hast, solltest du an einem einsamen Ort zunächst deinen Geist in vier oder sechs täglichen Meditationsabschnitten reinigen – entsprechend den Erfordernissen deines eigenen Zustandes.«

Dieser zweite Vers beginnt damit, dass er uns sagt, wir sollten uns auf einen Lehrer stützen, der uns korrekt unterweist. Wenn wir glauben können, dass der Lehrer uns korrekt unterweist, brauchen wir uns nicht zu fragen, ob man uns denn richtig gelehrt hat. Und, wenn wir uns auf diese Lehren und den Lehrer verlassen können, werden wir nicht an all die anderen Möglichkeiten, an all die Dinge, die wir sonst tun könnten, denken.

Einer der Träume von Patric – manchen hier vielleicht bekannt – aus dem französischen *Sangha*, von dem er öfters spricht, ist: in einem sehr noblen 3-Sterne-Restaurant ein sehr traditionelles, besonderes französisches Dinner einzunehmen. Er wird sich dabei auf den Küchenchef verlassen müssen, der genau dieses Dinner zubereiten muss, und wenn er ein wirklich gutes Restaurant ausgesucht hat und das entsprechende Menü gut zubereitet ist, dann kann er sich entspannen, ging doch sein Traum wirklich in Erfüllung.

Wenn er aber während des Essens anfangen würde sich zu fragen: »Ich weiß nicht so recht, ob das hier wirklich gut ist, und dann noch bei diesem Preis von 500 Francs – das ist wirklich teuer ...«, dann werden allmählich mehr und mehr Gedanken aufsteigen, sein Dinner aber verschwinden. Es ist sehr wichtig, den *Dharma* mit gutem Appetit und frei von Ablenkungen verzehren zu können und nichts auf dem Teller übrig zu lassen.

Dann fährt der Text sinngemäß fort: »... nachdem du ferner die Ermächtigungen, *lung* [die Textübertragung; R.J.], die Erlaubnisse und Unterweisungen korrekt erhalten hast, solltest du an einen einsamen Ort der Praxis gehen und beginnen, die Praxis auszuüben.« Wenn wir an einen solchen Ort wie diesen – [z.B. den Pfauenhof] – kommen, dann gibt es viele Möglichkeiten, den *Dharma* zu studieren und zu praktizieren, es gibt aber auch viele Gelegenheiten zur Ablenkung. Du kannst in der Meditation abgelenkt sein, aber auch während der Initiationen und ganz allgemein in deinem Verhalten hier. Wenn das der Fall sein sollte, dann wird das, was du hier aufnimmst, mit einer Art Verlorenheit vermischt sein, mit einer Art Mangel an Gewahrsein. Wenn du dann darangehst dich hinzusetzen und deine Praxis selbständig auszuführen, wird sich dieser Mangel an Gewahrsein mit dieser Praxis vermischen. Die Realität ist aber, dass unser Lehrer, Rinpoche, alt und krank ist und eines Tages sterben wird, und dann werden wir heulen. Zu heulen, weil der *Guru* tot ist, ist eine Sache, eine andere ist es aber zu heulen, weil man von ihm nichts gelernt hat. Es ist also unsere eigene Pflicht, so bewusst zu sein wie irgend möglich, denn es gibt niemanden anderen, dem wir die Schuld geben können.

Nachdem wir diese Unterweisungen erhalten haben, gehen wir an einen einsamen Ort und führen die Praxis – wie es heißt – vier oder sechs Mal am Tag aus. Normalerweise bedeutet dies, die erste Praxis sehr früh am Morgen zu machen, gegen 4 Uhr, noch vor dem ersten Hahnenschrei. Das ist eine sehr ruhige Zeit, die Welt ist sehr still. Und dann verteilen wir zweistündige Abschnitte der Praxis auf den ganzen Tag. Wenn es vier Abschnitte am Tag sind, sollten sie jeweils drei Stunden dauern.

Dann sagt der Text aber auch etwas sehr Wichtiges: »… – entsprechend den Erfordernissen deines eigenen Zustandes.« Bei manchen Arten der Praxis wie etwa den Verbeugungen oder bei Praktiken, während welcher man sehr viele Mantren rezitieren und akkumulieren muss, gibt es nämlich eine Art energetischen Schub, eine Kraft des Willens, die man braucht, um einen durch die Praxis wirklich hindurchzutragen. Wenn wir aber *Dzogchen* praktizieren, zwingen wir uns nicht, etwas zu tun. Wir versuchen eine viel subtilere Beziehung mit unserer Bewusstheit zu eröffnen – und das bedeutet, dass wir unserem eigenen Zustand, unserer Gesundheit, unserer Müdigkeit, unserem Alter, der Jahreszeit und all den Faktoren gegenüber aufmerksam sind und für uns herausfinden, was für uns die beste Weise zu praktizieren ist.

༣

Vers 3

ༀ

Meditation über Samsara

འཇིག་རྟེན་འདི་སྣང་མཐའ་མེད་འཁོར་བའི་གནས༔

དུག་མཚོ་ཁོལ་མ་ཐར་བའི་དུས་མེད་པས༔

གཅིག་ནས་གཅིག་ཏུ་འཁོར་བར་རིགས་དྲུག་འཁྱམས༔

ཇི་ལྟར་འབད་ཀྱང་སྡུག་བསྔལ་རང་བཞིན་ལས༔

བདེ་བའི་སྐབས་མེད་ཡང་ནས་ཡང་དུ་འཁོར༔

»In dieser Welt fließen die Erscheinungen ohne Unterlass;
in diesem Ozean von Gift gibt es keine Zeit,
Befreiung zu suchen. Wir wandern wieder und wieder
in den sechs Daseinsbereichen Samsaras umher, und ganz
gleich was wir versuchen, stets erfahren wir Leiden,
ohne auch nur eine Chance des Glücks zu bekommen.«

IN DEM DRITTEN VERS STELLT DER TEXT VOR, worüber wir nachdenken sollten, sobald wir einmal in Klausur sind, aber wir können dies natürlich jeden Tag tun. Der Text beginnt damit, dass gesagt wird, diese Welt sei ein Platz oder Ort, wo Erscheinungen sich in einem ununterbrochenen Fluss befinden. Was wir unsere Welt nennen, ist diese stetige Bewegung des Erscheinens. Alles um uns herum verändert sich die ganze Zeit über. Wenn wir die Wand im Zimmer anschauen, könnten wir im allgemeinen geneigt sein zu glauben, die Wand bewege sich nicht, weil ansonsten das Dach einstürzen würde. Doch eine unbewegte Wand ist lediglich ein Konzept, und wenn wir die Wand anschauen, finden wir heraus, dass sie sich bewegt, und dies ist eine Erfahrung. Im *Dzogchen* geben wir der Erfahrung Vorrang vor Konzepten. Das meiste, das uns in unserem Leben Sicherheit geben soll, ist konstruiert aus Mustern von Konzepten, die wir nicht weiter hinterfragen. Wenn wir aber dem tatsächlichen Strom unserer Erfahrung Beachtung schenken, dann finden wir heraus, dass es darin nur sehr wenig Zuverlässiges gibt. Wir stellen uns oft vor, dass wir die Erfahrung eines Phänomens machen, dass also, wenn wir etwa die Wand anschauen, wir eine Wand erfahren. Was wir aber ›die Wand‹ nennen, ist tatsächlich bloß eine Erfahrung. Jenseits dieser Erfahrung gibt es keine Wand. Es gibt einen Bereich von Konzepten über Wände (und das ist *Samsara*), Konzepten, die wir unserer Erfahrung der Wand überstülpen können, der Wand, die von Leerheit untrennbar ist und die als Zusammenspiel von Bewusstheit und Leerheit ersteht – und dies ist der Bereich von *Nirvana*.

Dieses liefert uns einen klaren Brennpunkt für unsere gemeinsame Praxis: Nämlich wirklich an den Punkt zu kommen, an dem wir an die Erfahrung glauben und aufhören, unsere Zuflucht in Konzepten zu suchen. Denn es geschieht mittels unserer Konzepte, dass wir fälschlicherweise unterstellen, dass den von uns erfahrenen Dingen eine selbst-existente Essenz innewohnt.

Dann fährt der Text fort zu erklären, dass es in diesem Ozean des Gifts, nämlich der fünf Gifte von Dummheit, Zorn, Begehren, Eifersucht und Stolz keine Zeit gibt, Befreiung zu suchen. Der Grund dafür, dass wir keine Zeit haben nach Befreiung zu suchen ist, dass wir von Gift so fasziniert sind. Wir sind geradezu süchtig nach Gift. Wir sind nicht in der Lage, den Unterschied zwischen Gift und gesunden Dingen zu erkennen.

Wir geben uns einem bestimmten Geschmack des Gifts hin, und wenn dieser uns anfängt zu langweilen oder uns nicht mehr zu befriedigen vermag, wechseln wir zu einem anderen. So könntest du dich zum Beispiel in jemanden verlieben – und dabei großes Verlangen verspüren – und denken, dass diese Person wundervoll sei. Dann aber macht sie etwas, das deinen Stolz verletzt. Jetzt hast du mehr Geschmäcker, in denen du schwelgen kannst. Du hörst auf, in deinem Begehren zu schwelgen und beginnst stattdessen, dich genüsslich in deinen Stolz gehen zu lassen. Der Stolz bleibt aber auch nicht lange und du beginnst wütend zu werden. Dann machst du etwas, wovon du hinterher denken wirst, dass es dumm gewesen sei. Jetzt bist du also in der Dummheit. Und der Person, die du liebtest, wurde bewusst, wie dumm du bist, und verschwindet mit jemandem anderen, so dass du jetzt noch Besuch von der Eifersucht bekommst.

So schwimmen wir in diesem Ozean des Giftes sehr bequem umher, und es beansprucht sehr viel Zeit, alle diese – eigentlich belanglosen – Erfahrungen zu haben. Die Chance aber, den *Dharma* zu praktizieren und die Natur des Geistes zu erkennen, vergeht mit dem Ticken der Uhr, während unser Tod näher kommt.

Aufgrund dessen, sagt der Text, setzen wir unsere Wanderung in den sechs Daseinsbereichen des *Samsara* fort, die nichts anderes ist als eine fortgesetzte Erfahrung des Leidens. Da gibt es keine Chance, dauerhaftes Glück zu erfahren. Im Tibetischen werden fühlende Wesen als *drowa* (*'Gro Ba*) bezeichnet, und dabei bezeichnet *drowa* jemanden, der in Bewegung ist, oder eigentlich eine Bewegung, ein Bewegender ist, etwas in Bewegung Befindliches. Das spricht die Tatsache an, dass wir nirgends zur Ruhe kommen, wir sind immer geschäftig, äußerlich geschäftig und innerlich geschäftig. Wir bewegen uns immer und immer weiter ... Wir haben nicht die Macht, unseren Geist auch nur länger als einige Sekunden stabil zu halten und wir werden ständig von Ablenkungen und ›sehr interessanten‹ Dingen gefangen genommen.

Tibetische Texte sprechen oft darüber, dass wir im *Samsara* umherwandern, aber es handelt sich dabei nicht um ein Wandern wie in den Alpen, mit einem hübschen Rucksack und einem netten Schokoladenvorrat darin. Es ist ein Umherwandern in dem Sinne, keine bestimmte Richtung zu haben, weil die Wege, die wir einschlagen, von so vielen Faktoren beeinflusst werden. *Karma* erscheint von innen und von außen, und plötzlich entstehen Situationen, die uns aus der Bahn werfen. Was uns dies also sagt ist, dass es unsere besondere Natur ist, ununterbrochen in Bewegung zu sein. Nicht, dass wir es uns aussuchen würden, uns zu bewegen oder zu verweilen, denn selbst, wenn wir beschließen zu verweilen, sind wir kaum in der Lage, es überhaupt zu tun. Nervös und unruhig sind wir ständig am Zappeln und Zupfen oder tun irgendetwas, weil die konkrete Wirklichkeit, ein fühlendes Wesen zu sein so beschaffen ist, dass wir uns selten im Zustand einfachen Seins befinden. Wir sind empfindungsfähige ›Tuer‹ – wir reagieren, machen aus allem viel Aufhebens, versuchen Kontrolle zu erlangen und jagen flüchtiger Sicherheit nach.*

* Für weitergehende Erläuterungen zu *Karma* und den Sechs Daseinsbereichen siehe Kapitel 1 in »Aus dem Handgepäck eines tibetischen Yogi. Grundlegende Texte der Dzogchen Tradition. Aus dem Tibetischem übersetzt und erläutert von James Low«, edition khordong im Wandel Verlag, Berlin, 2013.

Vers 4

Die Gelegenheit dieses Lebens

ལས་ལ་ཟད་པ་མེད་པའི་བག་ཆགས་ལུས༔
ཤིན་ཏུ་རྙེད་པར་དཀའ་བ་དལ་འབྱོར་ལུས༔
རྟེན་བཟང་སྐྱོན་མེད་མི་ལུས་རིན་ཆེན་ཐོབ༔
རྙེད་པར་དཀའ་ཡང་འཇིག་པར་སླ་བ་སྟེ༔
མྱུར་བར་དགེ་བའི་ཆོས་ལ་འབད་པར་གྱིས༔

»Dein Körper ist der Überrest deines noch nicht ganz erschöpften Karmas. Er ist der Ort der Freiheiten und Segnungen, die so schwer zu erhalten sind. Nachdem du diese kostbare menschliche Existenz erlangt hast – eine gute Basis ohne Mängel und Behinderungen, die so schwer zu bekommen aber so leicht zu zerstören ist – musst du schnell in der Praxis der Tugend ausdauernd werden.«

DASJENIGE, DAS IM VERLAUF UNSERES LEBENS für uns wahrscheinlich am verlässlichsten und stabilsten sein wird, ist unser eigener Körper. Diesbezüglich sagt der Text auf besonders süße Weise: »Dein Körper ist der Überrest deines noch nicht ganz erschöpften Karmas.« Um diesen menschlichen Körper, den wir jetzt haben, zu bekommen, um gesund zu sein, um intelligent zu sein, um die Möglichkeit zu haben, einen solchen Platz wie dieses Dharma-Zentrum zu besuchen und hier zu praktizieren, haben wir fast unsere gesamten ›karmischen Ersparnisse‹ aufgebraucht, und es bleiben uns nur wenige Überreste. Und auch diese werden aufgezehrt, während wir unserem Tod entgegengehen. So haben all das gute Geschick, all die guten Resultate, die wir in der Vergangenheit hervorgebracht haben, uns diese seltene Gelegenheit verschafft, doch wir sind ganz und gar nicht sicher, was wir mit dieser Gelegenheit anfangen sollen.

So wird hier wieder betont, dass dieser Körper mit seinen achtzehn Faktoren von Gelegenheiten und Freiheiten* sehr unbeständig ist, nicht sehr lange halten wird und die einzige Basis darstellt, den *Dharma* wirklich zu praktizieren. Die *Dharma*-Praxis, die wir heute nicht ausführen, werden wir auch morgen nicht ausführen, denn morgen werden wir die morgige *Dharma*-Praxis zu verrichten haben, und wenn wir sie heute nicht gemacht haben, warum sollte es uns leichter fallen, morgen doppelt so viel zu tun? Diese Chance also, die wir in diesem Augenblick haben, wird als etwas sehr Kostbares gesehen, da sie sehr, sehr selten ist.

Nun stellt dieser Teil des Textes ganz klar nicht die Sichtweise des *Dzogchen* dar. Er entspricht der traditionellen Sichtweise vom Kreislauf der Geburten in den sechs Daseinsbereichen, aber seine Funktion ist wirklich die einer passenden vorbereitenden Übung, weil er darauf abzielt, uns wachzurütteln zu der Erkenntnis, wie absolut wichtig es ist, sich dessen, was tatsächlich vor sich geht, bewusst zu sein. Es ist nicht Sache eines glücklichen Zufalls, dass wir diese Art von Körper er-

---

* Acht Freiheiten: Freiheit von einer Geburt in den Höllen, als ein unersättlicher Geist, als ein Tier, als ein langlebiger Gott, als ein Idiot, in einem unzivilisierten Stamm, als einer mit falschen Sichtweisen und in einem barbarischen Land;
Zehn Gelegenheiten: einen vollkommenen menschlichen Körper mit intakten fünf Sinnen zu haben in einem Land, in dem der *Dharma* verbreitet wurde, keine der fünf unermesslichen Sünden begangen zu haben, Glauben in den reinen *Dharma* zu haben, das Kommen eines *Buddha* in diese Welt, sein Lehren des *Dharma*, das Vorhandensein dieser Lehren in der Welt, ein den *Dharma* praktizierender Arya *Sangha* und ein mitfühlender *Guru*, der diesen *Dharma* für seine hingebungsvollen Schüler lehrt. Siehe auch »Aus dem Handgepäck eines tibetischen Yogi«.

halten haben. Es ist das Ergebnis vergangener Handlungen, und wenn wir uns jetzt nicht auf positive Handlungen ausrichten, dann werden wir wahrscheinlich in der Zukunft ein übles, weniger gangbares Dasein führen.

Was immer wir in diesem Leben an Sicherheit haben, ist sehr unbeständig. Als ich Rinpoche das erste Mal in Indien begegnete, war er sehr stark. Er war viel in Bewegung und tat ganz viele Dinge. Jetzt aber müssen ihm Leute sehr zur Hand gehen, damit er zum Lehren auf den Thron gelangen kann. Das ist die Wirklichkeit. Es ist egal, über wie viele Qualitäten man verfügt. Dem Körper wohnt eine Kraft des Zerfalls inne. Die Dinge, die wir nicht als junge und starke Menschen getan haben, werden sicherlich immer schwieriger zu tun sein, wenn wir älter und müder werden und unsere Gesundheit zu schwinden beginnt. Es gibt nur zwei Wahlmöglichkeiten: bewusst zu sein oder nicht bewusst zu sein. Wenn wir aber nicht bewusst sind, sind wir in den fünf Geistesgiften gefangen.

༥

ༀ Vers 5

Samsara ist ein sehr gefährlicher Ort

ནམ་འཆི་ཆ་མེད་སོས་ཁའི་མེ་ཏོག་དང༔
བར་སྣང་འཇའ་སྤྲིན་ཕོ་ཀའི་བྱ་དང་འདྲ༔
འཆི་བདག་གློག་ཞགས་ལྟ་བུ་མྱུར་བར་འོངས༔

*»Der Zeitpunkt deines Todes ist ungewiss,
denn unsere Lebensspanne ist wie die einer
Sommerblume oder eines Regenbogens.
Der Todesgott kommt schnell wie ein Blitz.«*

Wir wissen nicht, wann wir sterben werden, sagt nun der Text. Manche Babys sterben noch im Mutterschoß. Manche sterben natürlich wegen einer Fehlgeburt im Mutterschoß. Manche Babys sterben durch eine Abtreibung. Manche sterben unmittelbar nach der Geburt. Manche haben eine äußerst schwere Krankheit, so dass sie kaum ein Leben haben. Man kann Menschen jeden Alters sterben sehen. Auch wir haben keine Ahnung, wie lange wir leben werden. Wir haben eine schwierige Stellung zwischen der Notwendigkeit, für uns zu sorgen, an die Zukunft zu denken und Pläne zu schmieden – das Leben wird immer teurer, und wenn wir älter werden, müssen wir in der Lage sein, für uns selbst zu sorgen – und zugleich der Tatsache, dass wir nicht wissen, ob wir noch am Leben sein werden, um unsere hübsche Pension zu verbrauchen, sofern wir überhaupt eine bekommen werden.

Der Zweck solcher Reflexionen ist, zu der Erkenntnis zu erwachen, dass diese unsere Situation, die so anziehend, verführerisch und interessant erscheinen kann, in Wirklichkeit ein sehr, sehr gefährlicher Ort ist; und das ist oft sehr schwer zu sehen. Ein Freund sagt zu dir: »Oh, wir haben uns lange nicht mehr gesehen. Komm, lasst uns ausgehen und zusammen etwas trinken!« und du denkst: »Hey, das ist eine nette Idee!« Ihr geht zusammen aus und trinkt einige Gläser Bier, ihr redet über dies und das und du denkst, wie nett es ist, mit dem Freund zusammenzusein. Er ist auch ein guter Freund, und er hört den Geschichten, die du ihm über dein Leben erzählst, wirklich zu. Du fühlst dich von ihm verstanden und geschätzt. Aber dieser liebe Freund hat dich gerade vergiftet – denn während er dir Beachtung geschenkt hat und an deinem Leben sehr interessiert war, ließ er dich auf bestätigende Weise wissen, dass die unbedeutenden Einzelheiten deines Lebens wirklich wichtig seien. So bekommst du die Bestätigung, dass dein Vorgesetzter in der Arbeit wirklich ein Schweinehund ist oder dein Lebenspartner dich echt nicht gut behandelt.

Diese Art der Sichtweise, welche die Basis unseres ›gemeinsamen Menschseins‹ ist, ist der Praxis des *Dharma* völlig entgegengesetzt, und das kann sehr schwer erkennbar sein. Wir wollen Freunde haben und wir wollen, dass die Freunde uns mögen, wir wollen, dass unsere guten Eigenschaften geschätzt werden, und wir wollen vor allem Trost für unsere kleinen Schmerzen und Betroffenheiten. So sind die Faktoren, die zu einem gesunden, funktionierenden Leben beitragen, zugleich in Wirklichkeit auch die Faktoren, die dazu beitragen, dass wir unser Dasein in *Samsara* wiederholen.

Selbst in unserem *Sangha* hier neigen die Leute dazu zuzuhören, wenn jemand sagt: »Ich weiß nicht, was ich getan habe, und dies und jenes ist passiert …«. Sie sagen nicht: »Warum sprichst du nicht stattdessen ein paar Mantras? Es ist langweilig und wenig hilfreich für dich, so darüber zu sprechen.« Das würde als sehr unhöflich betrachtet werden, aber es wäre auch sehr hilfreich. Daher ist es besser, unhöflich zu sein. Wir aber sind höflich und wir gestatten Leuten, die ganze Zeit über Unsinn zu reden. Wenn du aber eine gegebene Situation innerhalb deiner Praxis des *Dharma* in den Griff bekommst, dann ist das besser als eine äußerliche Lösung – doch Vorsicht: Betrüge dich nicht selbst mit der Vorstellung, bewusst zu sein, während du in Wirklichkeit doch bloß in dem, was vor sich geht, gefangen bist!

Buddhismus ist keine ›humanistische‹ Sichtweise. Es werden nicht Menschen in den Mittelpunkt des Universums gestellt. Es ist die Bewusstheit, die in den Mittelpunkt des Universums gestellt wird, und jene, die nicht bewusst sind, werden Menschen genannt. Es ist also sehr wichtig darüber nachzudenken, wie wir aufeinander zugehen und wie wir miteinander umgehen. Denn wenn du wirklich dieses Empfinden von Abscheu vor *Samsara* entwickelt hast, dann wird dich das wirksam gegen die Verführungen von auf gegenseitige Selbst-Bestätigung abzielenden Konversationen schützen, die in unserem sozialen Leben endemisch sind.

༦

Vers 6

ཨོཾ

Zuflucht nehmen

དེ་དུས་བླ་མ་དཀོན་མཆོག་མ་གཏོགས་པའི༔
སྐྱོབ་པ་གཞན་མེད་སྐྱབས་གནས་མ་འཚོལ་བ༔
བླ་མ་སངས་རྒྱས་ཆོས་དང་དགེ་འདུན་ལ༔
དུས་དྲུག་རྣམ་པ་ཀུན་ཏུ་སྐྱབས་འགྲོ་བྱ༔

»Zu diesem Zeitpunkt wirst du nichts anderes finden, was dich beschützen könnte, als den einzigen Schutz des Guru und der Drei Juwelen. Mögest du also täglich sechsmal oder ständig Zuflucht zu deinem Guru sowie zu Buddha, Dharma und Sangha nehmen.«

ZUM ZEITPUNKT DEINES TODES wirst du keinen anderen Schutz finden als den deines Guru und der Drei Juwelen. Deine Mutter wird dir nicht helfen können. Deine Kinder werden dir nicht helfen können. Selbst wenn sie einige Lichter für dich anzünden, werden sie sich über die entstehenden Kosten Sorgen machen oder über die Fliegen, die darin verbrennen.

Eine der großen Funktionen des *Guru* ist, nicht deinen Wert als menschliches Wesen zu bestätigen. Der *Guru* bestätigt dich als Praktizierender des *Dharma*, oder er bestätigt die Augenblicke deiner Bewusstheit, hat aber kein besonderes Interesse an den Einzelheiten, an denen du haftest und die du zur Grundlage deiner Identität machst. Das ist sehr wichtig. In unserem Leben bestätigen uns normalerweise die meisten Menschen, denen wir begegnen, in unseren falschen Geschichten darüber, wer wir sind. Wenn wir also Zuflucht nehmen, dann nehmen wir Zuflucht gegen unsere Freunde. Wir müssen gegen unsere Freunde sogar dringlicher Zuflucht nehmen als gegen unsere Feinde, denn es ist leichter zu erkennen, dass dein Feind darauf aus ist, dir Schwierigkeiten zu bereiten. Den größten Schutz aber brauchst du vor deinem besten Freund, welcher niemand anderes ist als dein Selbst, worüber schon zuvor die Rede war.

Diese Praxis der Entsagung, dass wir uns von Dingen abwenden, die attraktiv erscheinen, geschieht nicht, weil wir etwa im *Dzogchen* die grundlegende Sichtweise hätten, dass die Welt ein böser Ort sei. Sie ist einfach ein taktischer Schachzug, der es ermöglicht, eine Lücke für unsere Bewusstheit zu öffnen, so dass sich die wahre Natur der Welt, so wie sie ist, – ein wundervoller Ort nämlich – für uns offenbaren kann. Da aber *Samsara* und *Nirvana* sehr nahe beieinander liegen, ist es sehr leicht, sich zu verwirren und es falsch anzugehen.

༧

Vers 7

Die Verpflichtung des Bodhicitta

འགྲོ་དྲུག་སེམས་ཅན་ཕ་མར་མ་གྱུར་མེད༔
སྨོན་འཇུག་ཀུན་རྫོབ་དོན་དམ་སེམས་མཆོག་བསྐྱེད༔
ད་ལྟ་ལུས་རྟེན་བཟང་པོ་འདི་ཐོབ་དུས༔
བླ་མའི་གདམས་ངག་མ་ནོར་ཉམས་སུ་ལོངས༔

»Alle fühlenden Wesen in Samsara waren zum einen
oder zum anderen Zeitpunkt unsere Eltern.
Entwickle daher das Bodhicitta des Wünschens und
praktiziere gemäß der relativen und der absoluten Wahrheit.
Nun, da du die hervorragende Stütze dieses menschlichen
Daseins erlangt hast, musst du die untrüglichen Unterweisungen
deines Guru praktizieren.«

Alle fühlenden Wesen in Samsara sind einmal unsere Mutter oder unser Vater gewesen. Dies bedeutet nichts anderes als unsere unmittelbare und bestimmte Verbindung mit all diesen Wesen. Die Mücke, die zu uns kommt und uns sticht, war zu irgendeinem Zeitpunkt unsere Mutter oder unser Vater, und auf dem Weg vom Garten zum Schreinraum treten wir auf den Boden und töten dabei vielleicht Ameisen, die auch zu irgendeinem Zeitpunkt unsere Mütter oder Väter waren.

Wir sind mit der ganzen Welt verbunden. Wir sind verwickelt, ob wir es mögen oder nicht. Es ist nicht so, dass wir wundervolle Leute wären, wenn wir dieses Gelübde machen oder diese Verpflichtung auf uns nehmen; eher wären wir schäbige Leute, wenn wir es nicht tun würden. Vom traditionellen Standpunkt aus betrachtet würden wir sagen, dass es in der Tat beschämend wäre, unseren Eltern, die uns Schutz gewährt haben, den Rücken zuzukehren. Nimmt man es als gegeben, dass alle fühlenden Wesen uns einmal einen großen Dienst erwiesen haben, indem sie unsere Eltern waren, wäre es geradezu beschämend, nichts für sie zu tun, insbesondere da wir seit unserer Begegnung mit dem *Dharma* in der Lage sind, unsere eigene Existenz zu beschützen und zu fördern.

Wir brauchen Klarheit über das Verhältnis zwischen dem *Bodhicitta* des Wünschens, also der Idee, dass wir Leuten helfen wollen, und dem *Bodhicitta* der Aktivität, wo wir tatsächlich unser Bestes tun, um durch unsere Praxis allen Wesen von Nutzen zu sein. Wir hoffen, dass unsere Praxis anderen Wesen nützen wird, in Wirklichkeit sind wir aber die Hauptperson, die aus dem Versuch, anderen Wesen nützlich zu sein, den größten Nutzen zieht. Denn wenn wir die Idee ernst nehmen, dass wir mit allen Wesen verbunden sind, und dass unsere Pflichten und unsere Verantwortung ihnen gegenüber keine Angelegenheit einer freien Wahl ist, sondern eine in unsere eigene Geschichte verwobene absolute Verpflichtung, dann ist es einfach die unvermeidliche Rechnung, die wir jetzt bekommen. Dies zu sehen wird uns stets aus dem Schlaf unserer eigennützigen Selbstbezogenheit wachrütteln.

Heutzutage hat das Wort ›Scham‹ keinen guten Ruf mehr. Es fühlt sich nicht gut an, und auf dem Gebiet der Psychotherapie gibt es viele Bücher über Scham-Probleme. In traditionellen religiösen Kulturen aber ist Scham sehr wichtig, denn Scham ist es, was uns hilft, zu einem Anspruch zu erwachen, der größer ist als unsere Ichbezogenheit. Sie ist der Ort der Konfrontation mit der Tatsache, dass wir von dem Ich-Ideal abgefallen sind, das wir uns selbst gesetzt haben. Im Buddhismus ist *Bodhicitta* dieses Ideal. Jene Scham hilft uns, die Abschottung, die Eingeschlossenheit unserer eigennützigen Ichbezogenheit zu durchbrechen. Eines der Dinge, die wir durch das *Bodhisattva*-Gelübde tun, ist, uns unserer Verbindungen zu allen Wesen zu erinnern, so dass wir in allem, was wir tun, von nun an alle Wesen mit einschließen. Wenn du also etwas isst, kannst du dein Essen widmen und dir vorstellen, dass aufgrund der Kraft dieser Widmung der Schmerz aller Wesen beseitigt wird. Wenn du unter der Dusche stehst, kannst du das *Vajrasattva*-Mantra sprechen oder irgendeine andere Reinigungspraxis ausführen und dabei visualisieren, dass alle Wesen gereinigt worden sind. Wenn du auf der Toilette bist, kannst du dir vorstellen, dass die fünf Gifte aus den Körpern aller Wesen herausfallen. Wenn du ein Bodhisattva wirst, hört dein Privatleben auf. Du wirst zu einer öffentlichen Person mit Verantwortungen gegenüber allen fühlenden Wesen. Natürlich wissen wir, dass die europäischen Zeitungen sehr viel Geld aus dem verborgenen Privatleben öffentlicher Personen schlagen. Wenn du also alle fühlenden Wesen einlädst, bei allem, was du tust, dabei zu sein, dann achtest du gut darauf, nichts Schändliches zu tun.

Und wiederum liegt der entscheidende Punkt der Ausrichtung aus der Sicht des *Dzogchen* darin, unsere Bewusstheit zu steigern, so dass wir, statt in eine bestimmte Aktivität zu verfallen und davon auf stumpfsinnige Weise absorbiert zu sein, ein Gefühl von Offenheit und Verbundenheit mit allen Wesen entwickeln. Mit dieser Bewusstheit wird alles, jede Aktivität, jede Bewegung und jeder Schritt, den wir machen, unendlich.

༨

ཨོཾ Vers 8

Bewusstheit, Karma und tugendhaftes Handeln

དགེ་བ་བསྒྲུབ་དང་ཆོས་མིན་སྡིག་པའི་ལས༔
བླང་དོར་མ་ནོར་གཏན་གྱི་འདུན་མ་སྒྲུབས༔
མི་དགེ་ལས་བྱས་སྡུག་བསྔལ་རང་གིས་མྱོང༔

»Du musst sorgfältig und ohne zu irren zwischen tugendhaften Handlungen, die anzunehmen sind, und untugendhaften Handlungen, die aufzugeben sind, unterscheiden. Du selbst wirst die Konsequenzen deiner schlechten Handlungen erfahren.«

Wie wir schon zuvor angeschaut haben, ist diese Welt nichts anderes als ein unaufhörlicher Fluss von Erscheinungen, die niemals stillstehen. Wir selbst sind mit unseren Gedanken, Gefühlen, Empfindungen und Ideen in ständiger Bewegung und Veränderung begriffen. Die Verführung, sich einfach von dem Fluss dieser auf Konsens beruhenden Wirklichkeiten mitreißen zu lassen, ist sehr stark. Wenn wir vorhaben, Bewusstheit zu entwickeln, so ist der

Schlüssel dafür, als erstes von jener einen klaren Geschmack zu bekommen, so dass wir den Vergleich haben zwischen dem, wie das Leben sein könnte und dem, wie das Leben ist, wenn wir die Bewusstheit verlieren. Wir werden dann wirklich tief in uns spüren, was es für eine Tragödie wäre, wenn wir unser Leben in diesem Zustand gewohnheitsmäßiger Unbewusstheit fortsetzen würden.

In den Versen 8 und 9 diskutiert der Text, was passiert, wenn wir Bewusstheit verlieren. Er spricht davon, wie *Karma* hervorgebracht und geschaffen wird. Allgemein gesprochen, ist die Idee die, dass eine gute Handlung unmittelbar zu einem bestimmten Resultat führen wird, sie wird aber auch zu Konsequenzen führen, die zu einer späteren Zeit auftreten werden. Heutzutage sprechen die Leute oft von ›Instant-Karma‹, von augenblicklich wirksam werdendem *Karma*, das ist jedoch keine sehr traditionelle Idee. Traditionell denken wir zum Beispiel, dass, wenn wir jemandem geholfen haben, die Person vielleicht dankbar ist, oder dass wir sehen können, dass unsere Tat der Person geholfen hat. Wir haben eine Ursache, die zu einem unmittelbaren Resultat geführt hat, aber es gibt auch eine spätere Konsequenz, durch die uns etwas Gutes widerfährt. Und umgekehrt, wenn wir jemandem Schaden zufügen, können wir sehen, dass die Person Schmerz erleidet und aufgebracht ist, später wird aber auch uns eine daraus resultierende Schwierigkeit widerfahren.

Obwohl im *Dzogchen* eines der Ziele die Fähigkeit zu einer spontaneren Erfahrung der Welt oder Reaktion auf die Welt ist, so bedarf dies doch der Integration einer mühelosen Unterscheidung von Gut und Schlecht. Wir sprechen zwar von *Kuntu Sangpo*, und das bedeutet, dass alles gut ist, aber innerhalb der Sphäre von *Kuntu Sangpo*, innerhalb dieser Sphäre unaufhörlicher Bewusstheit kann zwischen Förderlichem und Hinderlichem unterschieden werden. Der Schlüssel ist hier die Trennung zwischen Klarheit und dem Empfinden, die Erscheinungen – und das schließt Ereignisse mit ein – seien wahrhaft existent. Präzises Unterscheiden ist ein Aspekt der Leerheit.

Natürlich wünschen wir, dass alle Wesen glücklich sein mögen, aber es könnte sein, dass wir zu dem Schluss gelangen, dass die notwendige Vorbedingung für Glück Bewusstheit ist. Wenn dies aber der Fall ist, dann müssen wir, um Menschen glücklich zu machen, ihnen zuallererst helfen, bewusst zu sein. Es ist sehr wichtig, dies für uns selbst genau zu untersuchen: Wenn wir durch unsere Meditation zu dem Schluss kommen, dass der Zustand von Bewusstheit wirklich eine Vorbedingung für Glück ist, dann mag ein Handeln, das den Wesen hilft, bewusster zu sein, tugendhafter sein, als ihnen das zeitweilige ›Glück‹ von Ego-Genugtuung zu verschaffen, wenngleich der erhöhten Intentionalität dieser Position klarerweise ein ethischer Anspruch innewohnt.

In unserem Versuch zu verstehen, was eine tugendhafte und was eine untugendhafte Handlung ist, sollten wir die traditionellen Definitionen der drei Untugenden des Körpers, der vier der Sprache und der drei des Geistes anschauen. Die Beschreibungen hiervon können in vielen Texten gefunden werden, z.B. auch in dem schon erwähnten Buch »Aus dem Handgepäck eines tibetischen Yogi«. Sie beruhen alle auf dem allgemeinen Prinzip, sich selbst und anderen keine Schwierigkeiten zu bereiten, keine Störungen zu verursachen.

Unser Alltag ist jedoch nicht so glatt in Scheiben geschnitten und abgepackt. Wenn wir zum Beispiel wissen, dass es eine Person unglücklich machen wird, ihr zu sagen, wie ihr Verhalten sich auf uns auswirkt, und wenn wir uns dann entscheiden, nichts zu sagen, weil wir sie nicht unglücklich machen wollen, dann bedeutet dies, dass wir das Glück des anderen über unsere Wahrnehmung der Situation stellen. Du könntest aber auch das Gefühl haben, dass du, indem du der Person erlaubst, mit ihrem selbstbeschützenden Handeln fortzufahren, in Wirklichkeit verhinderst, dass sie überhaupt etwas Bewusstheit entwickelt. Sie ist in ihrem gewohnheitsmäßigen Verhalten eingeschlafen und du musst entscheiden, ob du dich ihr darin anschließen willst. Wenn du aber der Bewusstheit einen Platz am Herzen aller Dinge zuweist, dann bringt dies die Verantwortung mit sich, zu anderen ehrlich zu sprechen und es ihnen zu sagen, wenn ihr Verhalten einen Angriff auf deinen Versuch darstellt, Bewusstheit aufrechtzuerhalten.

Etwas, das aus der Sicht des gewöhnlichen sozialen Verhaltenskodex unhöflich erscheint, ist in Wirklichkeit im Sinne des Dienstes an der Bewusstheit wahre Höflichkeit. Wir selbst müssen erforschen und darüber nachdenken, was Tugend ist, wie wir eine sinnvolle Unterscheidung zwischen Tugend und Untugend treffen können, denn die menschlichen Lebenssituationen sind kompliziert. Viele Faktoren sind beteiligt. Wir selbst sind oft nicht sehr klar. Es ist also wichtig, für uns selbst nachzuforschen.

Im Allgemeinen werden bei der Analyse *karmischer* Handlungen vier Stufen beschrieben, und das kann uns helfen, klarer über unsere Verantwortung in einer gegebenen Situation nachzudenken. Diese vier Stufen sind: die Grundlage, die Absicht, die Handlung und die Konsequenz.

Die Grundlage ist die Vorstellung, dass ein ›Ich‹ existiert, und mit diesem ›Ich‹ auch eine Welt, in der es Leute gibt, die von mir getrennt und genauso wirklich sind wie ich. Dies bedeutet nichts anderes als: Die Grundlage des *Karma* ist die Struktur der Unwissenheit, die auf der Empfindung eines abgetrennten Subjekts beruht, welches mit wirklichen, getrennten und vom Subjekt verschiedenen Objekten wechselwirkt.

Viele der von uns ausgeführten Praktiken sind genau zu dem Zweck geschaffen worden, eine Reinigung auf dieser Ebene zu bewirken. Die einfache Praxis der drei ›A‹ ist dafür sehr gut geeignet. In der ›Großen Rigdzin-Praxis‹ nimmt man mit den sich zuerst nacheinander und anschließend gleichzeitig in die drei Orte auflösenden Lichtern die Initiation, und zuletzt löst sich die Gottheit in uns auf. Dieser Prozess ist eine Methode, Subjekt und Objekt zusammenzubringen, wodurch wir die essenzielle Ungetrenntheit von Nicht-Dualität erfahren können.

Doch ist uns allgemein gesprochen diese Wahrnehmung von Subjekt und Objekt so vertraut, dass sie als die normale Wirklichkeit erscheint. Das ist auch der Grund dafür, warum es so einfach ist, *Karma* anzuhäufen. Wir gehen nämlich sozusagen automatisch von der Annahme aus: »Hier bin ich innerhalb meines Körpers und schaue dich aus diesem Körper heraus an, und wir befinden uns auf der gleichen Ebene von Getrennt- und Wirklich-Sein.« Um diese Wahrnehmung etwas genauer in den Blick zu bekommen, hilft es, die traditionelle Analyse dieser Strukturen zu studieren. Sehr hilfreich ist zum Beispiel das Kapitel mit Patrul Rinpoches Abhandlung über die zwei Wahrheiten in dem Buch »Aus dem Handgepäck eines tibetischen Yogi«.

Die zweite der vier Stufen, die Absicht, entsteht in Beziehung zu einem spezifischen Objekt: Ich sehe etwas und ich habe in Bezug darauf eine bestimmte Absicht. Diese Absicht kann von Begehren oder auch Abneigung geprägt sein, jedes der fünf Gifte kann diese Absicht durchdringen.

Das bringt uns zu der dritten Stufe, jener der Aktivität. Auf dieser Stufe führt man eine auf das Objekt bezogene Handlung aus.

Die vierte Stufe ist die des Abschlusses; das Ergebnis wurde erreicht, man unterzieht dieses Ergebnis einer Betrachtung und ist mit ihm einverstanden.

Wenn wir uns auf jeder Stufe in völliger Übereinstimmung mit dieser befinden, dann intensiviert dies die Wucht der künftigen Konsequenzen für uns. Oft handeln wir und denken hinterher aber: »Oh, das war nicht so gut.« Wir empfinden Schuldgefühle oder Scham und dies bereitet uns Sorgen. Dies ist sehr nützlich, denn es hilft uns, uns von der Energielinie der Handlung zu distanzieren, was den *karmischen* Impuls verringert. Es kann aber auch sein, dass wir dabei sind, eine Handlung einzuleiten und plötzlich entscheiden: »Oh, das ist keine so gute Idee«, und wir beenden die Handlung, ohne sie abgeschlossen zu haben. Oder wir können bereits zu der Zeit aufmerksam werden, da sich die Absicht in unserem Geist zu formieren beginnt. Wir können bis zu den Konsequenzen vorausdenken und entscheiden, dass diese, obwohl die Sache uns attraktiv erscheint, und wir den Impuls spüren fortzufahren, nicht so gut sein werden, und so halten wir ein. Natürlich formieren sich in unserem Geist ständig viele Absichten, und wenn wir Dinge auf der Ebene der Absichten anhalten wollen, müssen wir uns einem sehr intensiven mentalen Kampf hingeben, um nicht darin verloren zu gehen.

Am besten ist es, wenn wir uns bereits auf der Stufe vor der Absicht lösen können. Das heißt, wenn wir die dualistische Basis jeglicher *karmischer* Hervorbringung im natürlichen Grund offener Bewusstheit auflösen können, in welcher alles in der Art eines Traumes auftaucht, ohne zu dieser Trennung von Subjekt und Objekt zu führen, die *karmische* Tendenzen nach sich ziehen würde. Das ist ein äußerst wichtiger Punkt. Denn nur, wenn du in deiner eigenen Bewusstheit einen Ort finden kannst, an dem du nicht in Reaktionen auf was auch immer erscheint befangen bist, kannst du die Ruhe und den Frieden finden, die dir die Freiheit geben, dich nicht in weltliche Aktivitäten zu verwickeln – und dies ist Erleuchtung.

Im *tantrischen* Stil der Praxis zum Beispiel, wenn wir uns und die Gottheit ineinander auflösen, ist es wichtig, so einsgerichtet wie möglich zu sein und zuzulassen, dass alle unsere anderen Belange in der Form der sich in uns auflösenden Gottheit kollabieren. Wir bewegen uns in die Lichtkugel hinein, und diese Lichtkugel löst sich auf, weil wir an diesem Punkt an einen von Dualismus freien Ort gelangen – und genau dies ist das Tor zu einer nicht verunreinigten Bewusstheit. Wir kehren der Welt unseren Rücken zu. Das bedeutet nicht, dass wir dabei sind aufzuhören, in der Welt Dinge zu tun. Was wir stattdessen versuchen zu tun ist, jenem, der die Handlungen verrichtet, die ausgeführt werden, einen radikal anderen Platz zuzuweisen. Es gibt jenen, der sich bewusst ist, und es gibt den Punkt der Aktivität, und wenn die Bewusstheit im Punkt der Aktivität kollabiert, dann bin immer ›ich‹ es, der die Handlung ausführt.

༩

ཨོཾ Vers 9

Die erschreckende Erfahrung des Todes

འཇིགས་རུང་གཤིན་རྗེས་ལེགས་ཉེས་མཚན་མ་མཐོང༔

འཁོར་བ་གར་སྐྱེ་སྡུག་བསྔལ་ཁོ་ནས་མནར༔

མཆོག་གསུམ་ལས་གཞན་སྐྱབས་མགོན་དཔུང་གཉེན་མེད༔

»Yama, der schreckenerregende Gott des Todes,
kennt alle guten und schlechten Dinge, die du getan hast.
Wo immer du geboren wirst, wirst du nur Elend und Leiden erfahren. Du wirst außer den Drei Juwelen keine andere Zuflucht finden, die dich beschützen oder begleiten wird.«

Zum Abschluss des letzten Teils der Einführung betont der Text, dass der Tod eine sehr erschreckende Erfahrung ist. Während wir uns dem Nadelöhr des Todes nähern, sind wir oft immer noch an alle unsere Anhänglichkeiten[12] gebunden. Unser Empfinden von Identität ist in diese Anhänglichkeiten verwoben, und so erleiden wir wahren Schrecken, wenn wir unseren Körper verlassen müssen.

Viele von uns werden den Schmerz einer gescheiterten Liebe erfahren haben. Wir haben in eine andere Person Hoffnungen gesetzt und einige unserer Seiten gezeigt, und nun verlässt sie uns, und wir fühlen uns so, als ob uns ein Teil unseres Lebens genommen würde. Für die meisten von uns geht das Leben nach einigen Monaten oder Jahren weiter und unser gewöhnliches Empfinden für uns selbst kehrt zu uns zurück. Wenn wir aber unserem Tod entgegengehen, verlieren wir das am meisten Geliebte: Unser Empfinden unseres ›Selbst‹. Unser Körper, unsere Besitztümer, all die Dinge, mit denen wir uns identifizieren und die wir als Spiegel benutzt haben, um unser Empfinden wer wir sind zu bestätigen, all dies wird zerschmettert und uns genommen.

Nackt gehen wir in den Augenblick unseres Todes, nur in den Schutz unserer *karmischen* Kleider gehüllt. Diese *karmischen* Kleider sind sehr gefährlich: Gemäß der tibetischen Tradition ist die offene Gegenwart der klaren Natur des Geistes das erste, was wir erfahren, wenn wir in den Zwischenzustand des *Bardo* (*Bar Do*) gehen; weil wir aber in unser *Karma* eingehüllt sind, erregt diese Erfahrung unsere Furcht. Es scheint zu groß, zu unendlich, weil wir sicher sind, dass wir klein sind: »Ich bin bloß ich. Das ist zuviel!«

Dann gehen wir zu der nächsten Stufe, auf welcher uns zunächst die friedlichen und dann die zornigen Gottheiten erscheinen. Aufgrund unserer *karmischen* Tendenz wählen wir aber wieder die Seite der fünf Gifte. Wenn wir beginnen, die *Buddha*-Gestalten zu sehen, welche die Reinigung der fünf Gifte repräsentieren, erfahren wir sie als feindlich: Sie sind entweder zu strahlend oder zu erschreckend. Wir sind nicht in der Lage zu erkennen, dass sie die Transformation genau jener Faktoren wie *Karma* und Geistesgifte darstellen, die uns an *Samsara* binden.

Und dann bewegen wir uns auf der letzten Stufe, auf der wir vor dieser Erfahrung zu fliehen suchen, auf die Möglichkeit einer Wiedergeburt zu. Es gibt da diese Tendenz, unsere *karmischen* Kleider noch enger um uns zu ziehen, uns noch mehr damit zu identifizieren, und dies wird ein Punkt der Entscheidung darüber, in welchen der sechs Daseinsbereiche wir hineingeboren werden.

Hoffentlich kannst du erkennen, wie wichtig ein Verständnis der Natur von Unwissenheit[13] ist. Aus der Sicht des Buddhismus ist Unwissenheit ein dynamischer Prozess, der die ganze Zeit stattfindet, und bei welchem wir die wahre Natur des Universums, die wahre Natur unseres Geistes ignorieren. Weil wir aber die Dinge nicht so sehen wie sie sind, fahren wir fort, in verschiedenster illusionärer Weise an die gewohnheitsmäßigen Muster unserer Existenz zu glauben, und das ist es auch, was den Schrecken des Todes verursacht.

Deshalb wird in diesem Abschnitt *Yama* als der schreckenerregende Gott des Todes bezeichnet, der als Richter handelt, der unsere guten und schlechten Taten sieht. Wir brauchen also mehr gute als schlechte Taten, müssen aber auch, wenn möglich, begreifen – und dies ist die wirkliche Befreiung –, dass sowohl gute als auch schlechte Taten ihrem Wesen nach leer sind.

༡༠

Vers 10 ༀ

Die lebendige Erfahrung des Guru

དུས་གསུམ་རྒྱལ་ཀུན་འདུས་པའི་ངོ་བོ་ཉིད༔
མཚན་ཉིད་ཀུན་རྫོགས་བཀའ་དྲིན་གསུམ་ལྡན་གྱི༔
རྩ་བའི་བླ་མ་འབྲལ་མེད་སྤྱི་བོར་ཁུར༔
འཕྲད་པར་དཀའ་བ་ནམ་མཁའི་པདྨོ་འདྲ༔
འཕྲད་ཀྱང་གདམས་ངག་ལེན་པ་ཉིན་སྐར་ཙལ༔
ཐུགས་རྒྱུད་གཅིག་ཏུ་འདྲེས་པར་གསོལ་བ་ཐོབ༔

»Dein Wurzelguru ist die Verkörperung aller Buddhas
der Vergangenheit, der Gegenwart und der Zukunft.
Er ist derjenige, der alle Qualitäten besitzt und dir die dreifache Güte des Gewährens von materieller Unterstützung, von Dharmalehren und von Erleuchtung erweist.
So solltest Du ihn zu allen Zeiten als über deinem Kopf gegenwärtig in ununterbrochener Erinnerung halten.
Einem solchen Guru zu begegnen ist so schwierig, wie dass Blumen einfach am Himmel erscheinen.
Seine Lehren zu empfangen ist so selten wie das Erscheinen

von Sternen am hellichten Tage. Du solltest daher beten, untrennbar mit seinem Geist zu verschmelzen.«

DIESER ABSCHNITT ENTWICKELT DIE IDEE, dass wahrer Schutz für uns in der Gegenwart des *Buddha*, des *Dharma* und der *Sangha* liegt, und dass deren essenzielle Form der *Guru* ist. Der *Guru* existiert in einer menschlichen Form und gibt uns die Zuversicht, dass das, was wir hier diskutieren, nicht bloß eine abstrakte Idee, nicht eine bloße Vermutung ist, sondern etwas, das als gelebte Wirklichkeit erfahren werden kann. Wenn wir jemandem mit diesen Qualitäten begegnen können, dann können wir auch wirkliches Vertrauen haben.

Der Text spricht von der Seltenheit der Begegnung mit dem *Guru* und darüber, wie man ihm gegenüber immer respektvoll handeln und ihm nahe sein sollte. Doch ist wahrscheinlich die wirklich wichtigste Zeile hier die letzte: »Du solltest daher beten, untrennbar mit seinem Geist zu verschmelzen.« Das heißt: Glaube, dass der *Guru* die Natur seines Geistes verstanden hat, dass er die Verwirklichung der *Dharmakaya*-Natur des Geistes erlangt hat. Wenn wir in Meditation mit dem Geist des *Guru* verschmelzen und dies dann in die Aktivitäten des täglichen Lebens mitnehmen können, dann stellt dies einen wahrhaften Schutz gegen das Versinken in die während unserer persönlichen Geschichte gewachsenen Gedanken und Gefühle dar.

In diesem Sinne ist der *Guru* ein Werkzeug, und es ist wichtig, von diesem Werkzeug, wenn es verfügbar ist, auch Gebrauch zu machen. Es ist sehr nett, dem Lehrer Respekt zu erweisen, Dinge anzubieten und zu lächeln, damit er auch lächelt, und auf diese Weise gemeinsam eine hübsche kleine Welt zu erschaffen. Aber, der *Guru* hat etwas, was du nicht hast. Willst du bekommen, was er hat? Wenn ja, wie kannst du es bekommen?! Er will es uns ja geben. Er bemüht sich sehr, es dir zu geben. Du willst es bekommen. Du strengst dich sehr an, es zu bekommen, aber irgendwie ist da in der Mitte eine Kluft. So müssen wir uns sorgfältig und langsam mit Hingabe füllen. Wir können voll davon werden, bis wir in der Meditation eine direkte Erfahrung der Segensenergie des *Guru* bekommen, die in unser Herz eintritt und bewirkt, dass es sich öffnen kann, und wir dadurch unsere wahre Natur erkennen können. Aber die auf den *Guru* bezogene Praxis ist kein Persönlichkeitskult. Man kann seinen *Guru* aus den verschiedensten Gründen lieben, aber der Hauptgrund, den *Guru* zu lieben, ist, dass er die lebendige Verkörperung der *drei Kayas* (*sKu gSum*) ist. Und das ist es, was wir in der Praxis der *Großen Rigdzin* tun, wenn wir eine Selbstinitiation mittels der drei Lichter vornehmen. Das ist die Vereinigung unseres Geistes mit dem Geist des *Guru*, wobei er in der gemeinsamen Praxis die lebendige Erfahrung verkörpert. Er ist sehr offen und verfügbar, und wir versuchen bloß uns zu entspannen und uns darauf einzustimmen und die Wirkung sehr stark zu fühlen.

ཨོཾ Verse 11 & 12

Buddhaschaft in unserer Hand

དུས་གསུམ་རྒྱལ་བ་ཀུན་གྱི་གཤེགས་ཤུལ་ལམ༔
ད་ལྟ་སྐལ་ལྡན་གསེབ་ལམ་ཁྲིད་པའི་ཚོས༔
བདེ་གཤེགས་ཀུན་གྱི་ཐུགས་བཅུད་འདི་ཁོ་ན༔

»Alle Buddhas der Vergangenheit, der Gegenwart und der Zukunft folgen dem Pfad dieser Lehren und nun hast auch du das Glück, diesem geheimen Pfad begegnet zu sein. Die Herzessenz aller Buddhas ist genau dies und nichts anderes, die eindeutige geheime Essenz von Ati Dzogpa Chenpo.«

ངེས་གསང་སྙིང་པོ་ཨ་ཏི་རྫོགས་པ་ཆེ༔
ཕྱིན་ཅི་མ་ལོག་རྟོགས་ན་རྒྱལ་དགོངས་ལོན༔
ཤིན་ཏུ་ལོན་པར་དཀའ་བ་ཡིད་བཞིན་ནོར༔
ཤེས་རབ་གསུམ་གྱི་སྒྲུངས་བསྐྱོན་ལྷོད་མེད་མཛོད༔

»Wenn du eine unumkehrbare Verwirklichung dieser Lehre erlangst, dann erlangst du das Verstehen eines Buddha. Schwer tatsächlich zu verstehen, ist sie wie das wunscherfüllende Juwel. Du musst die Weisheiten von Zuhören, Nachdenken und Meditieren ausdauernd und ohne Nachlässigkeit praktizieren.«

DIESE VERSE BELEUCHTEN, was es ist, das der Guru gibt. Es ist von den Lehren aller Buddhas der drei Zeiten[*] nicht verschieden. Der Dharma hat nur einen Geschmack, aber es gibt viele Arten, ihn zu präsentieren. Was die in diesem Text enthaltenen Lehren anbetrifft, so heißt es: Wenn du eine unveränderliche, »... unumkehrbare Verwirklichung dieser Lehren erlangst ...«, dann wirst du Buddhaschaft erlangt haben. Buddhaschaft ist nichts Geheimnisvolles, das andere Leute anderswo besitzen, sie ist in Wirklichkeit unmittelbar hier; du kannst sie schon heute erfahren. Es geht nur um einen Punkt. Wenn du diesen einen Punkt erkennst, nämlich die Natur deines Geistes, so wird diese zu einem wunscherfüllenden Juwel. Alles, was du jemals brauchen wirst, geht daraus hervor. Wenn du dies nicht erkennst, dann bleibst du in diesem sich stets weiter drehenden Samsara. Daher ist es sehr, sehr wichtig, unser Bestes zu geben, um dieses eine zu erkennen.

Zunächst einmal müssen wir zuhören. Dies bedeutet, den Unterweisungen, wie sie sind, Achtung zu zollen. Es bedeutet, qualifizierten Lehrern zuzuhören und richtig übersetzte Texte zu studieren. Die Lehren zu beachten bedeutet, ihnen Raum zu gewähren und die eigenen vorgefassten Vorstellungen und Meinungen fallen zu lassen, so dass eine neue Art von Erfahrung in uns entstehen kann, ein radikales Wissen, das dazu befähigt, unsere Welt von Annahmen auseinander zu nehmen. Das ist die Weisheit des Zuhörens.

Dann kommt die Reflexion, die Anwendung des Gelernten auf unsere lebendige Erfahrung. Fühlt es sich wahr an? Du solltest Gedankengänge und Erläuterungen des *Dharma* anwenden, um deine An-

---

* Drei Zeiten: Vergangenheit, Gegenwart, Zukunft

nahmen zu untersuchen. Konzepte, also gewisse Vorstellungen und Erklärungen sind Werkzeuge und müssen zum Einsatz kommen. Dies ist ein wichtiger Teil buddhistischer Praxis, nämlich das *Dharma*-Wissen wieder und wieder anzuwenden, bis es ganz zu einem Bestandteil dessen wird, wie die Welt für uns Sinn macht. Es ist auch ein wichtiger Aspekt der Zufluchtnahme, zu lernen, wie die Zuflucht genutzt und in einem breiten Bereich von Umständen zur Wirkung gebracht werden kann. Diese Vorgangsweise hilft uns, Klarheit bezüglich der Sichtweise zu haben und die Beziehung zwischen den verschieden Sichtweisen und den mit ihnen verbundenen Stilen der Meditation zu verstehen. Hierdurch wird man fähig, zwischen wahrem *Dharma* und täuschenden Konzepten zu unterscheiden, und man gelangt zu der Fähigkeit, dem eigenen, vom *Dharma* geprägten Urteil zu vertrauen. Dies ist die Weisheit des Reflektierens, des Untersuchens und Nachdenkens.

Meditation ist der Gebrauch des Gelernten und Reflektierten im aktiven Bestreben zu erwachen. Sie ist die praktische Anwendung der spezifischen Sichtweise, der man folgt. Durch einsgerichtete Beachtung der Strukturen der Praxis wird die Ablenkung verringert, die Klarheit wird erhöht und Offenheit enthüllt. Die spezifische Sichtweise aufgrund einer spezifischen Meditation zu verwirklichen ist die Weisheit der Meditation.

Die Praxis der drei ›A‹

Nun werden wir wieder die Praxis der drei ›A‹ ausführen. Danach erlaubt sanft und im eigenen Tempo der Bewusstheit eurer Anwesenheit im Raum, euch in aktives Verhalten hineinzuführen. Nehmt den Geschmack dieser Praxis mit euch, beim Essen, beim Sprechen und beim Zusammensein mit anderen. Es ist nötig, dass die Meditation in die Welt hinausfließt und mit allem, was ihr tut, untrennbar verbunden ist.

Wir werden wieder beginnen, indem wir die Meditation der drei ›A‹ ausführen. Diesmal werden wir für längere Zeit im Zustand der Offenheit verweilen. Der entscheidende Punkt ist, entspannt zu sein. Unsere eigene Erfahrung vermittelt uns klar, dass wir nicht die Herrschaft über unseren Geist besitzen. Es ist daher illusionär, mit dem Versuch

Samantabhadra und Samantabhadri

fortzufahren, unseren Geist zu kontrollieren. Wenn wir also diese Praxis ausführen, durch das ›A‹ Integration erfahren und entspannen, taucht unser Geist in den *Dharmakaya*-Zustand des *Guru* ein. Daher unterliegt, was immer in diesem Zustand auftauchen mag, nicht unserer Verantwortung. Das ist sehr wichtig, denn wir haben diese automatische Neigung, uns einzumischen, geschäftig zu sein und etwas geschehen zu machen. Der Schlüsselpunkt ist also zu entspannen. Wenn du während der Praxis findest, dass dein Geist betriebsam wird, dann achte einfach kurz auf deinen Atem. Wir entlassen einige tiefe Atemzüge aus dem Bauch, entspannen unseren Körper, lassen alle Anspannung und Anhaftung im Ausatmen los, kehren zu bewusster Gegenwärtigkeit zurück und erlauben Gedanken und Gefühlen zu kommen und zu gehen.

Eine der Ehrenbezeichnungen, die in der tibetischen Tradition einem Yogi verliehen wird, ist *Dschatral* (*Bya Bral*), was bedeutet: »frei von Aktivität«, also keine geschäftige Person zu sein. Der *Dharmakaya* selbst ist sehr ruhig und sehr offen und lässt Aktivitäten zum Wohle anderer entstehen. Das grundlegende Potential bietet viele, viele Möglichkeiten. Das ist der *Sambhogakaya*.

Meditation ist die Erfahrung von *Dharmakaya* und *Sambhogakaya*. Nachmeditation ist *Nirmanakaya*, die Entstehung greifbarer, sich manifestierender Aktivität für andere in der Welt. Es ist in der Praxis essenziell, diesen drei Modi zu vertrauen, selbst wenn sie am Anfang nicht klar sind. Vertraue darauf, dass Aktivität von alleine aufkommen und von alleine vergehen wird. Die Selbst-Befreiung der Erfahrung in ihrer ganzen reichhaltigen Vielfalt, alles Aktive und Passive eingeschlossen, offenbart eine Freiheit *im* Handeln, welche zugleich eine Freiheit *vom* Handeln ist.

༡༣

Vers 13

ཨཱཿ

Nach der Natur des Geistes Ausschau halten

ཆོས་རྣམས་ཀུན་གྱི་རྩ་བ་རང་གི་སེམས༔
གང་ཟག་གསར་བུས་སེམས་ཞེས་སྒྲ་ཆེན་པོ༔
དང་པོ་གང་བྱུང་བར་དུ་གང་ན་གནས༔
ཐ་མ་གར་སོང་དབྱིབས་དང་ཁ་དོག་གང༔
རང་སེམས་རྩ་བ་རང་གིས་ཞེ་ཐག་བས༔
ཡང་ཡང་རྩད་བཅད་གནས་ལུགས་གཏན་ལ་ཕབ༔

»Dein eigener Geist ist die Wurzel aller Phänomene.
Am Anfang deiner Praxis klingt das Wort ›Geist‹ ziemlich großartig. Woher kommt der Geist, wo hält er sich auf und wohin geht er? Von welcher Form und Farbe ist er?
Indem du die Wurzel deines Geistes immer wieder erforschst, musst du wieder und wieder zu einem eindeutigen Verständnis seiner wahren Natur gelangen.«

»Dein eigener Geist ist die Wurzel aller Phänomene.« Das ist in der Tat eine sehr starke Aussage! Das bedeutet klarerweise, dass alles, was in der Welt existiert, seine Wurzel in unserem Geist hat. Hier sind wir also und sitzen in diesem Raum. Jeder von uns liest diesen Satz, und so kommt jeder von uns zu dem Schluss: »Mein Geist ist die Wurzel aller Erscheinungen.« Ganz schön kompliziert, weil jeder von uns für jeden anderen von uns eine Erscheinung ist. Ich bin dann für mich die Wurzel von euch allen, aber ihr seid die Wurzel von mir für euch, doch schaffen wir es irgendwie, nicht allzu sehr zusammenzustoßen. Das ist ein großes Mysterium und eine sehr große Frage.

Gibt es da nur einen Geist mit vielen Arten von Steckern, die daran angeschlossen sind, oder gibt es diese vielen getrennten, vollkommen erleuchteten Geister, die lediglich sehr geübt im Tanzen sind? Das ist eine sehr interessante Frage und doch zugleich völliger Nonsens. Wenn du wirklich *Dzogchen* praktizieren willst, musst du dich vor unsinnigen Fragen hüten, denn du darfst nie diesen Unterschied zwischen Erfahrung und Konzept vergessen. Wenn wir uns in den Bereich der Konzepte begeben, werden viele, viele Dinge interessant, weil jedes der Konzepte wie ein Spiegel wirkt und andere Konzepte reflektiert, und aufgrund dieser verbringen wir unser Leben in diesem Spiegelkabinett der Repräsentationen[14]. Natürlich muss man, um einen Text wie diesen zu verstehen und in ihn hineinzukommen, darüber nachdenken, was vor sich geht. Es erfordert aber ein Denken, das uns tiefer in die Bedeutung des Textes eintauchen lässt und nicht zu viele Gedanken um ihn herum ausbaut und ausklügelt.

Er macht, wie so viele *Dharma*-Texte, Aussagen wie: »Dein eigener Geist ist die Wurzel aller Phänomene.« Wir müssen vermeiden, uns als Reaktion darauf auf Konzepte zu stützen wie: »Ja, nein, ich bin einverstanden, vielleicht …«; stattdessen sollten wir die Aussage als ein Hilfsmittel für die Untersuchung der tatsächlichen Natur des Geistes gebrauchen. Jene, die es zum Professor für buddhistische Studien bringen, tun sich noch schwerer dabei, dies zu praktizieren als gewöhnliche Leute.

Als ich mit Chimed Rigdzin Rinpoche zu studieren begann, befragte ich ihn über die Rolle der Logik in der allgemeinen tibetischen Ausbildung. Und was sagte er? »Nun, wenn du meditieren willst, studiere keine Logik, denn sie wird sonst deinen Geist so scharf und klar machen, dass du Lust bekommen wirst, die Fehler anderer anzugreifen. Während du deine Zeit damit verbringen wirst, den anderen Leuten ihre Köpfe abzuschneiden, wird dein eigener Kopf sehr, sehr groß.« Das ist das Gegenteil von *Chöd*-Praxis (*gCod*).

Wenn du zum ersten Mal die buddhistische Diskussion des ›Geistes‹, der Natur des Geistes hörst, beginnt der Geist uns als etwas sehr Großes zu erscheinen, und nicht nur das, sondern auch als etwas sehr Wichtiges, sehr Reales – fast als etwas Festes. Es scheint, als ob etwas sehr Besonderes geschehen würde, sobald wir zur Natur des Geistes vordringen. Nun, wenn wir von etwas nicht wissen, was es ist, und zugleich aber verstehen, dass andere Leute es für sehr wichtig ansehen, ist es nur natürlich, dass wir darauf verschiedenste Arten von übersteigerten Phantasien projizieren. Die Gefahr dabei ist, dass all diese Gedanken und Konzepte, die uns scheinbar näher an die tatsächliche Erfahrung bringen, uns in Wirklichkeit davon nur entfernen.

Nun fährt der Text mit dieser grundlegenden Frage fort: »Woher kommt der Geist?« ›Geist‹ wird hier in der gewöhnlichen Bedeutung des Wortes benutzt: »Du weißt, dass du einen Geist hast, weil du weißt, dass etwas vor sich geht.« ›Geist‹ ist hier also ein Kürzel für diese gewisse Empfindung, sich etwas bewusst zu sein. Um dies zu erforschen, können wir uns einfach entspannen und beobachten, was vor sich geht. Etwas Gegenwärtigkeit, etwas Aufmerksamkeit, etwas Bewusstheit, etwas, das nicht tot sondern lebendig ist, ist da …

… Wir selbst! …

… Was also ist das? …

Das scheint eine sehr einfache Frage zu sein, in Wirklichkeit ist sie aber ziemlich schwierig, und zwar, weil wir Geist haben und zugleich den Inhalt des Geistes, und in unserer gewöhnlichen Erfahrung sind der Geist und sein Inhalt miteinander verschmolzen. Unser Empfinden des Geistes ist mit den aufkommenden Erscheinungen vermischt. Er scheint einerseits Kontinuität zu besitzen, andererseits aber auch einer ständigen Veränderung der Form unterworfen zu sein.

Shiné – die Übung der Konzentration

Wir müssen damit beginnen, dass wir die Fähigkeit erlangen, dasjenige, was sich ereignet, von demjenigen, der sich dessen, was sich ereignet, bewusst ist, zu trennen. Um dazu fähig zu sein, müssen wir eine gesammelte Konzentration, eine präsente Achtsamkeit entwickeln, so dass unsere Aufmerksamkeit nicht schwankt und nicht in den ununterbrochenen Strom von Erscheinungen hinausfließt. Wenn man Anfänger in der Meditation ist und findet, dass der Geist viel umherwandert, ist es wichtig, mit der Ausrichtung auf einen einfachen Sammelpunkt zu praktizieren, um die Fähigkeit zu entwickeln, in Ruhe zu verweilen (*Shiné, Zhi gNas*). Um zu einer klaren Untersuchung fähig zu sein, müssen wir Laborbedingungen errichten, die es erlauben, den Bezugsrahmen festzulegen und die Zahl der Variablen[15] zu begrenzen. Es gibt einfache Wege, dem Geist zu helfen, sich einsgerichtet zu sammeln. Wir können uns visuell auf ein Objekt außerhalb unserer selbst ausrichten. Wir können uns aber auch auf unseren Atem ausrichten oder auf etwas, das wir uns vorstellen.

Allgemein gesprochen lassen sich die äußeren Objekte in solche, die neutral sind, in emotional belegte und in symbolisch angereicherte einteilen. Um ein Beispiel für die erste Art zu geben: Wir können uns einen kleinen, runden Kieselstein suchen, dessen Farbe oder Muster nicht zu interessant ist – einfach eine simple Form, auf die sich unsere Aufmerksamkeit richten kann. Wir legen ihn etwa auf Höhe unseres Herzens ungefähr eine Armlänge vor uns hin und erlauben unserer Aufmerksamkeit, darauf zu ruhen. Wir könnten auch eine Kerzenflamme oder die Flamme einer Butterlampe benutzen, das Flackern könnte jedoch störend sein. In den frühen Tagen buddhistischer Praxis pflegte man sich eine Tonscheibe anzufertigen, die dann auf einem Stock in der eben beschriebenen Höhe und Entfernung ruhte.

Wir könnten aber auch ein Objekt benutzen, das auf uns emotional einwirkt. Insbesondere wird traditionell eine kleine Buddhastatue benutzt. Wir könnten auch von einer *Padmasambhava*-Statue Gebrauch machen, so dass unser Glaube und unsere Hingabe diesem Bildnis gegenüber als verstärkender Faktor für die Ausrichtung der Aufmerksamkeit darauf wirken würde.

Wir könnten aber auch ein symbolisches Objekt benutzen, wie etwa den Buchstaben ›A‹ oder das Schriftzeichen ›Hung‹. Üblicherweise benutzen Meditierende das Zeichen ›A‹ in weiß auf dunkelblauem Hintergrund, mithilfe eines Stockes aufgestellt. Die Entfernung des Objekts von dir kann der Außentemperatur entsprechend angepasst werden. Wenn es ein sehr heißer Tag ist und du schläfrig wirst, das Objekt nun zu nahe ist und einen zu intensiven Blick erzeugt, dann wird die Wahrscheinlichkeit von Ablenkung zunehmen. Wir müssen also die Entfernung des Objekts als eine Methode gebrauchen, unsere Praxis zu unterstützen. Mit der Sichtweise des *Dzogchen* sind viele Wahlmöglichkeiten gegeben und es liegt an dir zu erforschen, was für dich funktioniert.

Die Antwort auf das Problem des Leidens, die Erkenntnis der wahren Natur unseres Geistes, wird nicht eines Tages mit dem Briefträger ankommen. Wir selbst müssen die Lehren aufnehmen und sie untersuchen, so dass wir zu einer endgültigen Erfahrung vorzudringen vermögen. Andere können uns gewisse Konzepte oder einen erweiterten Bezugsrahmen geben, welche die Möglichkeit dieser Erfahrung optimieren können, es liegt jedoch an uns selbst, genügend Hunger nach der tatsächlichen Erfahrung zu haben, um sie auch zu bekommen. Im *Dzogchen* hat die Selbstverantwortung das ganz große Vorrecht. Regeln, Gelübde und Vorschriften werden nur sehr wenig betont. Der wichtigste Faktor ist das Verständnis der Prinzipien, wie der Geist klar wird und wie er verdunkelt wird, um dann eine Palette von Praktiken zu lernen, die wir benutzen können, um uns in Klarheit zu halten.

Woher kommen die Erscheinungen?

Wenn du in die Natur des Geistes schauen willst, musst du als erstes sicherstellen, dass du genügend Stabilität und Einsgerichtetheit entwickelt hast, um fähig zu sein, diese Untersuchung anzugehen. Wenn du über dieses ›Rüstzeug‹ nicht verfügst, solltest du einige vorbereitende Praktiken der Konzentration auf ein Objekt ausführen, wie sie eben beschrieben worden sind.

Wenn wir die *Shiné*-Praxis üben, indem wir uns z.B. auf den Atem konzentrieren, die Aufmerksamkeit auf die Oberlippe und auf die Empfindung des Kommens und Gehens des Atems oder auf die Auf-

und Ab-Bewegung des Zwerchfells ausrichten, machen wir die Erfahrung, dass unser Geist abwandert. In diesem Fall müssen wir ihn ›einfangen‹ und zum Objekt der Konzentration zurückbringen.

Mit einem einfachen Objekt außerhalb von uns oder mit unserem eigenen Atem können wir uns auf einen primären Brennpunkt der Aufmerksamkeit konzentrieren. Plötzlich wird uns bewusst, dass unser Geist abgeschweift ist und so fangen wir unsere Aufmerksamkeit sehr sanft wieder ein und bringen sie ohne jede Beschuldigung oder Fehlerzuweisung zu ihrem Objekt zurück. Wenn wir diese Art von Ausrichtung etabliert haben, können wir entspannt und unabgelenkt sitzen und die Ausrichtung unserer Aufmerksamkeit zum Fluss unserer Erfahrung hin verschieben.

Meiner Erfahrung nach ist es für die meisten Übenden einfacher, mit der Frage zu beginnen: »Woher kommen die Gedanken, wo verweilen sie und wo gehen sie hin?« Wir sammeln uns auf das, was in unserem Geiste erscheint und versuchen ein Gefühl dafür zu bekommen, woher es kommt. Wie kam das Zeug in unseren Geist? Denn schließlich sitzen wir hier nur still in unserem kleinen Hautsack, und irgendwie kommt das ganze Zeug hinein. Wenn wir aber schauen, woher der Gedanke kommt, so bedeutet das nicht, dass wir versuchen wollen herauszufinden, was der Gedanke vor diesem Gedanken war. Sonst hieße dies, die lange Spur des *Samsara* zurückzuverfolgen, aber *Samsara* ist, wie viele Texte betonen, ohne Anfang. Dieses Unterfangen würde also eine sehr lange Zeit beanspruchen. Wir schauen nicht nach dem Ursprung der Gedanken in der Dimension des Denkens. Wir machen einen Schritt zurück und sehen zu, wie der Gedanke aufkommt, und wir haben eine Empfindung dieses Gedankens, wenn wir nicht auf ihm verweilen oder uns mit ihm identifizieren. Um dies vollbringen zu können, muss jener, der schaut, sehr entspannt sein. Mit zunehmender Praxis ist der Übende von Spannungen und gedanklichen Beschäftigungen ›entgiftet‹ und erfährt eine Offenheit und Raumhaftigkeit, und dies enthüllt die nicht-greifbare, die un-begreifliche Natur des Gegenwärtig-seins.

Die gleiche Herangehensweise wenden wir an, wenn wir erforschen, wo die Gedanken verweilen. ›Gedanke‹ schließt dabei in diesem Kontext auch Emotionen, Gefühle und Empfindungen ein. ›Gedanke‹ ist ein Kurzausdruck für alles, was in unserer Erfahrung auftaucht, was immer es sein mag. Nun, wir sitzen alle still. Wo hält sich dieses Zeug auf? Wo ist es? Es ist in meinem Geist, aber was ist es, das es aufrechterhält? Wir haben also sehr viele Untersuchungen durchzuführen. Und schließlich erforschen wir auch, wo die Gedanken, die Gefühle, die Emotionen hingehen.

Es ist, als ob wir lange Zeit in einem dunklen aber sehr geschäftigen Raum gesessen hätten. Viele Dinge waren vor sich gegangen, wir haben uns aber nie wirklich gefragt, was es denn war. Wir haben sie einfach als gegeben hingenommen: »Oh, das ist ein Gedanke. Oh ja, sie kommen und gehen.« Wie in der von Husserl entwickelten phänomenologischen Methode geht es im Kern um die Fähigkeit, die vorweggenommenen Annahmen auszuklammern, so dass man klarer sehen kann, was sich tatsächlich darbietet. In der buddhistischen Meditation müssen wir unsere vielen Annahmen über die Natur und den Status unserer Gedanken, Gefühle usw. erkennen und lernen sie auszuklammern, um einen frischen Blick darauf zu werfen, was tatsächlich da ist.

Es könnte interessant sein, draußen zu sitzen. Entspannt euch, greift diese Fragen auf und erforscht für euch selbst, wie euer Weg dahinein aussieht. Ihr werdet beginnen, den Druck, den eure Annahmen ausüben, zu empfinden, und ihr werdet den Drang nach Ablenkung spüren und danach, dem Fluss der Gedanken zu folgen. Wenn ihr aber darüber nachdenkt, wieviele Stunden, Monate und Jahre eures Lebens ihr damit verbracht habt, Dinge anzuschauen und von Dingen fasziniert zu sein, die inzwischen vergangen sind, wie wunderbar ist es dann doch, auch nur fünf Minuten damit zu verbringen, die Natur eures Geistes zu erforschen.

Frei von Geschäftigkeit sein

Die Tibeter sagen, einst seien alle Yaks in Tibet in Indien Wasserbüffel gewesen. In Indien war es sehr, sehr heiß, und so entschieden einige von ihnen, dass, wenn sie immer nach Norden gingen, sie an einen Ort gelangen würden, der angenehm und kühl wäre. So kletterten sie in die Berge, und je höher sie kamen, desto länger wurde ihr Haar. Deswegen drehen die Wasserbüffel in Indien oft ihren Kopf und halten erwartungsvoll Ausschau; sie warten auf ihre Brüder, die fortgewandert sind.

Auf ähnliche Weise lebten einstmals die Büffel von *Samsara* und *Nirvana* zusammen, und eines Tages sind einige von ihnen fortgewandert und in *Samsara* angekommen. Sie halten immer Ausschau danach, wer sonst noch da ist und wo die andere Hälfte geblieben ist – denn die grundlegende Eigenschaft unseres gewöhnlichen Empfindens unserer selbst ist große Einsamkeit. Etwas fehlt in unserem Leben und wir wissen nicht genau, was es denn ist, aber wir schauen und schauen nach diesem fehlenden Teil. Wir können versuchen, es in Besitztümern zu finden, wir können versuchen, es in unserem Körper zu finden, oder in dem Versuch, ihn durch Ernährung, Frisur oder sonst was zu verändern. Wir können versuchen, es in Freundschaften zu finden. Es kann alles Mögliche sein. Jedenfalls macht es uns sehr, sehr geschäftig. Manchmal kann uns diese Geschäftigkeit sehr erschöpfen, wenn wir aber damit aufhören, dann fühlen wir uns einsam. Also werden wir wieder geschäftig. Wenn wir nach Ablenkung trachten, kann *Dharma* hierbei sehr hilfreich sein, weil es viele Wege gibt, im *Dharma* geschäftig zu sein. Man kann darauf aus sein, viele *Dharma*-Besitztümer zu haben. Man kann sich darum bemühen, einen Text auswendig zu lernen, oder sich auf Mantras und Mudras, auf die Vorbereitung und Praxis des Tsog, oder das Ausführen bestimmter Meditationen konzentrieren. Es gibt immer etwas, womit man geschäftig sein kann.

In Tibet haben viele Menschen den *Dharma* praktiziert, jedoch scheinen nicht so viele von ihnen Erleuchtung erlangt zu haben. Es gibt viele Arten von *Dharma*, und wenn wir auf eine Weise praktizieren, die sich nicht auf den essenziellen Punkt konzentriert, sondern auf zweit- und drittrangige Aspekte, dann ist es einfach, sich darin zu verlieren. Es ist wirklich wichtig – wenn wir bedenken, wie begrenzt die Zeit ist, die uns zur Verfügung steht – sich auf das Essenzielle zu konzentrieren. Viele essen, wenn sie ein Gericht vorgesetzt bekommen, zuerst das, was sie nicht so gerne mögen, und lassen die Leckerbissen für den Schluss. Wenn wir aber dieses Verhalten auf das Leben selbst übertragen, können wir einen großen Fehler machen. Die Zeit für tiefe Praxis ist jetzt. Wir können alles über *Padmasambhava* lernen, wir können wissen, was seine Kleidung und seine Frisur bedeuten, wenn wir aber die Natur unseres eigenen Geistes nicht kennen, dann ist Wissen über *Padmasambhava* bloß eine Anhäufung weiterer Konzepte.

Nach der Natur des Geistes schauen

Jetzt wollen wir uns darauf konzentrieren, was die Natur des Geistes ist. Wir sitzen bequem und beginnen mit der Praxis der drei ›A‹. Wenn wir uns in die Gegenwärtigkeit der ›A‹s entspannen, ist irgendwer hier, d.h., es gibt irgendeine Art von Gegenwärtigkeit. Wo befindet sich diese Gegenwärtigkeit? Beruht sie auf irgendetwas? Gibt es etwas außerhalb davon? Ist etwas Zugrundeliegendes da, das sie aufrechterhält? Liegt ihr irgendwie ein Ort zugrunde? Wir machen diese Praxis nicht sehr lange, denn sie erfordert, dass der Geist in einer sehr präzisen Verfassung ist.

Allgemein gesprochen ist es besser, dies häufig 5-10 Minuten lang zu tun, als zu versuchen, es eine Stunde lang zu machen. Wenn man in den Zustand von Offenheit eintritt, sei es durch ›A‹, sei es im *tantrischen* Stil der Auflösungsphase, gibt es eher Gelegenheit, die tatsächliche Situation zu erkennen, weil man entspannt und frisch ist und nicht so voll seiner selbst. Je länger man es aber tut, desto größer ist das Risiko, sich dabei zu bemühen, und genau diese Anstrengung wird den Zugang zum unmittelbaren Zustand versperren.

Es ist auch sehr schön, des Nachts zu praktizieren, wenn man am Einschlafen ist. Das bringt in die Träume etwas mehr Raum.

Dieser Vers erinnert uns daran, dass wir wieder und wieder untersuchen müssen und dabei die Wurzel des Geistes immer wieder finden müssen, bis wir ein eindeutiges Verständnis erlangt haben. Wenn wir hier zusammen längere Zeit im Retreat verbringen würden, könnten wir an dieser Stelle den Kommentar unterbrechen und mit der Praxis fortfahren, bis alle eine gewisse Erfahrung gemacht hätten, und dies wäre in vielerlei Hinsicht besser, denn womit der Text fortfährt, ist eine Aussage über die Sichtweise, für die wir eine gewisse unmittelbare Erfahrung brauchen.

༡༤

ཨཱཿ Vers 14

Die Natur des Geistes

སེམས་ཞེས་འདི་དང་འདི་འོ་ངོས་བཟུང་བྲལ༔
དངོས་པོར་གྲུབ་པ་མེད་ཅིང་མཚན་མ་མེད༔
བཙལ་བས་མི་རྙེད་ཡེ་སྟོང་ངོས་བཟུང་མེད༔
སྟོང་སེང་བརྗོད་མེད་སྐྱེ་འཆི་འགྲོ་འོང་སོགས༔
རྒྱུ་ཡིས་མ་བསྐྱེད་རྐྱེན་གྱིས་མི་འཇིགས་ཞིང༔
བྲི་གང་འཕེལ་འགྲིབ་འཕོ་འགྱུར་གང་སྟོང་དབེན༔

»Was ›Geist‹ genannt wird, kann nicht als dieses oder jenes identifiziert werden. Er ist keine Entität, nichts Dingliches, und besitzt keine bestimmenden Merkmale. Wenn du ihn suchst, kannst du ihn nicht finden, denn er war und ist leer von allem Anbeginn, ohne substanzielle Essenz. Leer ist er jenseits aller Beschreibbarkeit, unberührt von Geburt, Tod, Kommen und Gehen. Er wird von keiner Ursache geschaffen und von keiner Bedingung zerstört. Er bleibt unberührt in Leerheit, frei von Zunahme oder Abnahme, von Entwicklung oder Verfall oder sonst irgendeiner Veränderung.«

Diese Sicht ist der Ausdruck von Nuden Dorje, es ist sein *Terma (gTer Ma)*, sein Text, sie hat aber auch etwas von seiner Präsenz in sich. Sie drückt Nuden Dorje's eigene Erfahrung der Natur seines Geistes aus. Es handelt sich hierbei nicht um eine objektivierende Abhandlung über die Natur des Geistes. Wir müssen seine Worte offen aufnehmen und gestatten, dass sie uns berühren, statt diese Aussagen zu gebrauchen, um unseren eigenen Geist damit zuzudecken. Die Tibeter sagen, man könne Butter benutzen, um Leder weich zu machen; wenn man jedoch Butter in einem Ledersack aufbewahrt, wird das Leder allmählich trocken und brüchig. In ähnlicher Weise können wir den *Dharma* gebrauchen, um uns weich zu machen, um diese Stellen unserer Rigidität zu öffnen, so dass wir flexibel werden und fähig, auf Situationen offen und angemessen zu antworten. Wir können uns aber auch mit *Dharma* anfüllen, so dass wir zu einem sehr starren Topf werden, zu jemandem, der viel über den *Dharma* weiß, in Wirklichkeit aber keinerlei Bewegungsfreiheit oder Spielraum mehr besitzt. Wir müssen den *Dharma* in uns hineinmassieren, so dass wir durch ihn weich werden.

Vers 14 beginnt mit: »*Was ›Geist‹ genannt wird, kann nicht als dies oder jenes identifiziert werden.*« Wenn wir dieses Schauen nach dem Ort der Herkunft, des Aufenthalts und des Hingehens des Geistes praktizieren, können wir kein bestimmtes Ding finden. Es fehlt da jegliche Dinglichkeit, es gibt an dieser Sache, die wir Geist nennen, keinerlei Dingheit. Der Vers sagt: »*Er ist keine Entität, nichts Dingliches, und besitzt keine bestimmenden Merkmale.*« Ein bestimmendes Merkmal ist ein Merkmal, durch welches wir wissen, dass etwas dieses und nicht jenes ist. Wir können uns hier umschauen und sehen, dass jedes Ding in diesem Raum bestimmte Merkmale besitzt, durch welche wir wissen können, was es ist. Zum Beispiel haben die meisten hier eine Glocke und einen *Vajra*. Natürlich, ein *Vajra* ist ein *Vajra*, aber jeder *Vajra* in diesem Zimmer hier ist sicherlich anders. Wenn wir sie alle durcheinander bringen würden, wären wir wahrscheinlich in der Lage, unseren eigenen *Vajra* durch genaues Anschauen zu erkennen.

Wenn wir aber den Geist anschauen, dann hat er keine solch besonderen Eigenschaften. Wenn wir versuchen, ihm eine bestimmte Farbe zuzuschreiben, dann gelingt dies nicht. Wenn wir ihm eine bestimmte Form zuschreiben wollten, wird er früher oder später sich von dieser

Form entfernen und zu etwas anderem werden. Manchmal fühlt es sich an, als sei unser Geist ein kleiner Punkt innerhalb unseres Kopfes und als könnte er sich in unserem Körper umherbewegen, manchmal ist es, als befände er sich auf unserer linken oder hinter dir auf der rechten Seite. Was immer er zu sein scheint, es ist nur ein Augenblick. Ein Augenblick des Erscheinens von etwas, das in unserem Geist auftaucht, und dies ist nicht der Geist selbst – wir aber verwechseln aufgrund unserer seit langem tief verwurzelten Tendenzen sehr leicht das Erscheinen mit dem Geist selbst.

Der Text sagt dann: »*Wenn du ihn suchst, kannst du ihn nicht finden, denn er war und ist leer von allem Anbeginn …*« Das bedeutet, dass der Geist nicht als etwas anwesend ist, das als ein Objekt gesehen werden könnte. Er besitzt keine ›objektive‹ Existenz, und da er in dieser Weise leer ist, können wir nicht über ihn sprechen, weil die Sprache um Objekte, um Dinge angesiedelt ist. Umgangsprachlich können wir sagen: »Oh, mein Geist ist müde!«, oder »Mein Geist ist gelangweilt«, oder »Mein Geist möchte beschäftigt sein.« Wenn wir das sagen, dann sagen wir eigentlich: »Ich habe eine Erfahrung, die mir so erscheint, als wäre sie durchdringend und als würde sie eine bestimmte Eigenschaft des Geistes anzeigen.« Aber der Geist selbst, besitzt er tatsächlich diese Eigenschaft? Ist der Geist selbst jemals gelangweilt, müde oder traurig?

Einige der Erfahrungen, die in unserem Geist aufkommen, scheinen bezüglich des Geistes eindeutig selbst-reflektiv zu sein, sie scheinen also auf den Geist zurückzuverweisen. Wenn wir aber dem, was im Geist erscheint, folgen, hat es nicht den Anschein als würde es uns zum Geist zurückführen. Und hier müssen wir sehr sorgfältig vorgehen, denn dies ist der Punkt, an dem wir uns sehr leicht selbst darüber belügen können, was denn unsere Erfahrung tatsächlich ist. Wir sind nämlich so an die falsch konstruierte Erfahrung gewöhnt, daran, die Erfahrung mit Konzepten verschmelzen zu lassen. Wenn wir diese Art untersuchender Meditation ausführen, bekommen wir wirklich zu sehen, wie geschickt wir darin sind, uns selbst zu täuschen, wie viele Lügen wir uns selbst über die Natur unserer eigenen Erfahrung erzählen. Wir füllen den Raum mit Annahmen, mit dem, was wir wissen, statt uns an die schwierigere Arbeit eines Versuchs zu machen, die Annahmen zur Seite zu schieben und zu sehen, was tatsächlich da ist. Wenn wir aber wirklich schauen und diese Leerheit finden, dann gibt es für Konzepte nichts, woran sie sich heften könnten, und so gehen sie vorüber wie Wolken am Himmel, indem sie sich zu ihrer eigenen Zeit und an ihrem eigenen Ort selbst befreien. Keinerlei Begriff, nichts kann darauf angewandt werden, und so überschreitet der Geist selbst »*Geburt und Tod, Kommen und Gehen*«, frei von Veränderung. »*Er bleibt unberührt in Leerheit.*« Er wird durch nichts erschaffen und durch nichts zerstört.

Was also da ist, ist diese gegenwärtige Bewusstheit, denn wir sind eindeutig hier, etwas geht vor sich, und wir alle sind uns des Hier-Seins bewusst. Obgleich jener, der sich bewusst ist, nicht als eine Substanz gefunden werden kann, hat er die Tendenz, sich selbst mit Substanz zu identifizieren. Und doch wird der Geist selbst nicht durch gute Bedingungen verbessert, noch von schlechten Bedingungen verschlechtert, er wird nicht größer und nicht kleiner, er war niemals jung und wird niemals alt werden. Klarerweise werden wir sehr überrascht sein, wenn wir zu dieser Erkenntnis erwachen.

༡༥

ཨཱཿ Vers 15

Der Urgrund von allem

མཐའ་བཞི་སྤྲོས་བྲལ་སྟོང་ཉིད་འདུས་མ་བྱས༔
ཡེ་ནས་མ་བཅོས་རིག་པ་ཟང་ཐལ་གནས༔
དེ་རྟོགས་གཞོན་ནུ་བུམ་སྐུ་རྒྱ་རལ་འདི༔
ཆོས་སྐུ་ཀུན་ཏུ་བཟང་པོའི་རང་ཞལ་མཐོང༔

»Frei von den vier begrenzenden Begriffen von Existenz, Nicht-Existenz, Sowohl-Existenz-als-auch-Nicht-Existenz und Weder-Existenz-noch-Nicht-Existenz, sowie von allen relativen Positionen, ist der Geist leer und nicht zusammengesetzt. Frei von Künstlichkeit bleibt Bewusstheit von allem Anbeginn an ohne Beeinträchtigung. Wenn dies erfahren wird, wird die jugendliche und frische Bewusstheit aus dem sie verdeckenden Gefäß freigelassen und du kannst dein eigenes Gesicht, die natürliche Seinsweise des unendlichen Gutseins (Samantabhadra) sehen.«

Dieser Vers stellt fest, dass der Geist frei von den vier grundlegenden begrenzenden Ideen ist – Ideen, die ausgiebig in der *Madhyamika*-Philosophie diskutiert werden: Dass nämlich die Dinge existieren, nicht existieren, sowohl existieren als auch nicht existieren, und schließlich, weder existieren noch nicht existieren. Diese werden als die vier definierenden Aussagen für alle Möglichkeiten des Seins betrachtet. Von der Natur des Geistes wird aber gesagt, dass sie frei von diesen Seinsweisen ist, dass sie jenseits aller Bestimmungen ist, dieses oder jenes zu sein.

Die nächste Zeile ist sehr interessant und sehr wichtig. Sie sagt: »*Frei von Künstlichkeit bleibt Bewusstheit von allem Anbeginn ohne Beeinträchtigung.*« Der hier benutzte Begriff ›Künstlichkeit‹, *Choma* (*bCos Ma*), bezieht sich auf alles, was konstruiert, was geschaffen wurde. Wir können ihn mittels der Bilder des Lebensrades untersuchen, auf dessen äußerem Kreis sich die zwölf *Nidanas*, die zwölf Entwicklungsschritte befinden. Der zweite dieser Entwicklungsschritte[16] ist *Samskara*, mentaler Formierungsprozess, das sind die Faktoren, aus denen wir die Welt und uns selbst konstruieren. Es wird durch die Töpferscheibe repräsentiert, mit welcher der Töpfer verschiedene Formen erschafft, die als verschiedene Entitäten oder Dinge erscheinen, aber den gleichen Ursprung haben. Die erste Phase dieser zwölf Vorgänge ist Unwissenheit. Unwissenheit ist es, was die geschäftige Aktivität mentaler Formbildung entstehen lässt, die ihrerseits zu all den Schwierigkeiten der Wiedergeburt in *Samsara* führt.

Doch der Text sagt, dass der Geist an keinerlei Geschäftigkeit beteiligt ist. Ganz klar läuft hier einiges an Geschäftigkeit ab, denn wir sind alle sehr geschäftig und unsere Aktivität scheint ziemlich real. Diese Geschäftigkeit ist jedoch keine Eigenschaft des Geistes selbst. Der Geist ist nicht geschäftig, Geschäftigkeit geht jedoch mühelos aus ihm hervor, so wie die Strahlen mühelos der Sonne entspringen. Sobald etwas konstruiert wird, scheint es nicht nur eine Form anzunehmen, sondern auch einen Ort, und sobald etwas einen Ort hat, dann steht es sofort anderen Positionen gegenüber oder in Relation zu diesen. Es wird relativiert und in einen Kontext eingebettet. Da aber die Natur des Geistes leer und in keiner Weise konstruiert ist, also frei von Künstlichkeit ist, hat der Geist keinen Ort und keine Begrenzungen und ist daher – so sagt der Text – frei von Beeinträchtigung. Das heißt, er ist überall.

Es gibt für ihn keine Wände, weil er von sich aus keine Gestalt oder Form besitzt, die durch andere Gestalten oder Formen blockiert werden könnte.

Die Natur des Geistes wird oft als die Basis oder Grund von allem beschrieben, wie wir an früheren Stellen im Text sehen konnten. Wir müssen uns aber daran erinnern, dass wir durch die Sprache immer auf jene linearen oder zweidimensionalen Denkweisen über Dinge eingeschränkt werden. Es ist aber nicht so, dass diese Natur ein Boden ist, der unterhalb der Dinge existierte, und die Dinge *auf* diesem Boden ruhten. Die Natur des Geistes hat keinen Ort in Beziehung zu irgendetwas anderem.

Die tibetische Sprache hat viele technische *Dharma*-Begriffe entwickelt, die eine enorme und komplizierte Geschichte haben, und es gibt viele Kommentare und detailreiche Quellen, die wir verwenden könnten, um diesen Text zu verstehen. Und doch ist es sehr wichtig zu erkennen, dass dieser Text Poesie ist, und wir müssen ihn mit diesem Verständnis lesen, da die Qualität der Erfahrung immer eine ästhetische Würdigung, eine unmittelbare Erfahrung ist. Sie ist kein analytisches oder intellektuelles Konstrukt. Wir wollen diese Poesie nutzen, um uns zu befreien und nicht, um uns in noch mehr Konzepte zu hüllen.

Wenn die Präsenz des Gewahrseins frisch und unvermittelt ist, wird diese Erfahrung als *zho nu bum ku* (*gZhon Nu Bum sKu*) beschrieben. Dies bedeutet wörtlich: ein jugendlicher Gefäßkörper. Die Dunkelheit eines Raumes, der für Millionen von Jahren in Dunkelheit gehüllt war, wird mit einem einzigen Schimmer von Licht augenblicklich entfernt. Diese Frische war schon immer da, auch wenn wir uns ziemlich alt und müde fühlen können und unser Leben mit so viel Geschäftigkeit und so vielen Problemen gefüllt ist. Diese gegebene Natur des Geistes war seit Anbeginn der Zeit da, war bei uns in jedem Augenblick aller von uns gelebten Leben, und sie wurde niemals und von keiner dieser Erfahrungen berührt, von denen wir denken, sie seien so schwerwiegend und heftig und so handfest wirklich gewesen. Unter all dieser Ansammlung von Wissen und Erfahrung ist also nichts als frische Bewusstheit. Bewusstheit wird durch keine einzige der Erfahrungen, die sie sozusagen machen kann, in irgendeiner Weise berührt, geformt, geprägt oder begrenzt. Aber sie macht natürlich überhaupt keine Erfahrungen; derjenige, der Erfahrungen ›macht‹, bin *ich*. Die

Natur des Geistes ›macht‹ keine Erfahrungen, erfährt sie nicht und hat sie nicht. Das bedeutet natürlich nicht, dass sich keine Erfahrung ereignet, aber derjenige, der die Erfahrung ›macht‹ und erfährt, ist nicht als ein Etwas als solches da. Darin besteht das illusorische Spiel von Subjekt und Objekt und ihrer Beziehung. So vieles in unserem Sprachgebrauch ist auf Aneignung ausgerichtet, dass es schwierig ist, die Qualität einer offenen, nicht-aneignenden Bewusstheit zu beschreiben.

Es ist sehr wichtig dies zu sehen, weil wir uns die ganze Zeit über mit allen möglichen Sachen verwickeln, auf sie reagieren und es gewöhnt sind, den Erscheinungen, den Ereignissen auf Gedeih und Verderb ausgeliefert zu sein. Der hier beschriebene Zustand aber ist rein, unberührt, jungfräulich, und, wie könnte es anders sein, auch Madonna hat ein ganz nettes Lied darüber gesungen. Es ist ein sehr gutes Lied. Wenn wir den Text dieses Liedes lesen, können wir es als eine Unterweisung in *Dzogchen* nehmen: »Zum allerersten Mal verliebt …« Augenblick für Augenblick ist die Welt ganz frisch und neu für uns. Unsere Augen sind offen, unser Herz ist offen. Alles ist wunderbar. Alles leuchtet und strahlt. Ewig jungfräulich. Ewig aufregend und doch recht ruhig. Nicht wissend, was passieren wird, und doch offen und voller Vertrauen. Ein Beweis dafür, dass *Dzogchen* aktuell ist, liegt in der Tatsache, dass wir es in der populären Kultur finden können. Wie könnte eine Lehre darüber, wie das Leben ist, esoterisch sein?! Das Tatsächliche ist überall, und von Augenblick zu Augenblick machen Menschen Erfahrungen davon. Dann wird es wieder verdeckt. Doch überall in der Welt sind Menschen zeitweilig offen: »Oh! … huh? … vorbei! …«, und dieser Zustand wird als *Dharmakaya* bezeichnet, als *Samantabhadra*. Das ist es, worin wir unser eigenes Gesicht sehen können. Wenn wir unser Gesicht sehen, sehen wir ein Gesicht, das nicht gesehen werden kann! Doch *wenn* wir es sehen, sind wir glücklich.

Nicht so fest

Nun eine kleine Übung für draußen, wenn das Wetter schön ist: In Gonpo Wangyals *Chöd*-Text gibt es einen kleinen Abschnitt über *Dzogchen* (siehe Anhang), und wir werden uns auf einen Teil davon konzentrieren.

Gonpo Wangyal beginnt mit den gleichen Vorbereitungen, über die auch wir schon gesprochen haben, und dann sagt er: »Äußerlich gibt es Steine, Felsen, Berge und all die Dinge, und es gibt die innere Essenz der Welt, alle fühlenden Wesen,« – das bedeutet alles, was wir jemals sehen können. Es bedeutet auch, dass sich für dich alles durch deine Sinne ereignet. Es meint alle unsere Erfahrungen, ob nun die von unbelebten oder die von belebten Objekten, unsere eigene körperliche Existenz mit eingeschlossen. Er sagt: »All diese Dinge sind lediglich von deinem eigenen Geist zugeschriebene Namen und Bezeichnungen. Du musst zu dem Schluss kommen, dass dies genau so der Fall ist.« Dies ist für die Praxis von *Dzogchen* sehr, sehr wichtig – denn im Buddhismus gibt es, wie wir schon gestern Abend anfingen zu betrachten, viele verschiedene Beschreibungen der Natur des Geistes und seiner Qualitäten. Wenn der Begriff ›Geist‹ im *Dzogchen* verwendet wird, dann bedeutet er den Urgrund, die Basis von allem. Wenn wir uns vorstellen, dass es da Dinge gäbe, die außerhalb unseres Geistes existierten, dann würde die unendliche Qualität des Geistes immer durch unser Haften an diesen Dingen, die wir als das Andere betrachten, blockiert. Wenn wir glauben, dass Dinge in Wirklichkeit außerhalb unseres Geistes existieren, dann werden wir zu diesen Dingen immer eine Beziehung haben: »Ich denke über diese Tasse nach. Ich betrachte diese Tasse. Ich halte diese Tasse.« Dieses ›Ich‹ existiert in Beziehung zu dieser ›Tasse‹. Und das bedeutet, dass die präzise Natur der Tasse als ein Etwas auch mich wie ein Etwas zu etwas Präzisem und Begrenztem macht. Dieser Dualismus überdeckt die unendliche Natur des Geistes.

Auch hier geht es wieder nicht einfach um ein System von Konzepten. Es handelt sich hierbei um einen sehr genau passenden Schlüssel zur Befreiung unserer eigenen Erfahrung. Es ist eine Praxis, die wir selbst ausführen müssen. Niemand anderer kann uns deren Ergebnisse übergeben. Wir müssen die Phänomene, die wir erfahren, untersuchen. Und wir haben hier einen wundervollen Platz, um dies zu tun. Da draußen gibt es Wasser, gibt es Erde, es gibt Bäume, und Leute laufen herum. So geht also hinaus und untersucht einmal wirklich, was da ist, und schaut, dass ihr die Art und Weise verstehen könnt, in welcher ihr diese Welt für euch selbst konstruiert. Nimm ein Objekt, etwa einen Stein, und versuche wirklich die Grundlage dieser scheinbar getrennten

Existenz dieses Dinges zu identifizieren. Du musst es erforschen, bis du wirklich eine diesbezügliche Erfahrung gemacht hast, so dass du dieser direkten Erfahrung Vertrauen schenken kannst.

Die Theorie dazu hast du möglicherweise schon in der Vergangenheit studiert, vielleicht auf der Grundlage der Ideen des Entstehens in Abhängigkeit, oder durch das *Herzsutra* usw. Aber es ist wichtig auch die Erfahrung zu haben und diese auf alles anzuwenden, was dir begegnet. Dann wird es dir möglich sein, dich von dem Glauben zu befreien, dass es getrennte Entitäten gibt, dich selbst eingeschlossen. Schau dir die Bäume an, schau dir die Kühe an, und begreife wirklich, was eine Kuh ist! Wo ist die ›Kuh-heit‹ der Kuh? Wer ist es, der die von dir erblickte Kuh erschafft?!

Das ist etwas, das man sehr häufig tun sollte. Hoffentlich gelangen wir dahin, zu sehen, dass Wörter, Konzepte und Bezeichnungen über der Oberfläche eines leuchtenden Feldes schweben. Und während die Macht der Wörter und Konzepte schwindet, wird die natürliche strahlend-vibrierende Qualität der Welt offenbar. Auch können wir sehen, dass Wörter und Konzepte ein Teil dieser Strahlkraft sind, dass sie Energie sind, die untrennbar ist von der Leerheit des Urgrundes. Wir begegnen da wahrhaft einem Mysterium, und wir beginnen zu sehen, warum *Dharma*-Texte wieder und wieder sagen, dass die Wirklichkeit jenseits von Ausdruck und Denken ist.

Gonpo Wangyal fährt dann mit der Feststellung fort, dass, wenn man einmal zur klaren Ansicht gekommen ist, dass alles lediglich ein von deinem Geist hinzugefügter Name ist, dass, wenn du dann den Geist selbst anschaust, dieser selbst ohne Form oder Farbe ist und nirgendwo als ein konkretes Etwas gefunden werden kann, dem man eine Eigenschaft oder eine Definition zuweisen könnte. Das ist sehr wichtig, denn an diesem Punkt beginnst du zu sehen, wo die Trennung zwischen *Samsara* und *Nirvana* beginnt. Wenn der Geist Sprache entstehen lässt, und wir Sprache und Konzepte als wirklich auffassen und uns in ihnen niederlassen, wird die Glorie der Welt innerhalb der drei Zeiten von Vergangenheit, Gegenwart und Zukunft in Schachteln gepackt. Wenn wir aber fähig sind, diesen Fluss der Verbegrifflichung erst einmal zu entspannen und dann auch seine natürliche Reinheit zu verstehen, dann bleibt die Welt – sogar im Wechselspiel mit der Sprache – offen und voller Schönheit.

So beginnen wir also – obgleich die Sprache in ihrer konventionellen Form, in ihrem auf die relative Wahrheit bezogenen Aspekt, von Dingen zu sprechen scheint, als ob diese bereits existierten – zu sehen, dass die Geburt der Dinge, die scheinbar wirklich existieren, in der Tat dadurch bewirkt wird, dass wir uns auf Konzepte stützen. Es ist aber nicht so, dass wir sagen können, dass die Sprache der Feind sei, und dass wir alle ein Schweigegelübde nehmen sollten. In Indien gibt es Yogis, die *Munis*, die dies tun, die beschlossen haben, nicht zu sprechen. Auch in psychiatrischen Krankenhäusern gibt es Leute, die aus eigener Wahl stumm sind. Nicht zu sprechen ist aber nicht die Antwort. Wir finden die Freiheit nicht, indem wir bloß den Begrenzungen und Schwierigkeiten den Rücken zukehren. Der entscheidende Punkt ist, zu entspannen und alles, was auftaucht, in den Zustand der Offenheit zu integrieren. Auch den Fluss der Sprache zu integrieren, so dass wir erkennen können, dass in dem Augenblick, in welchem er sich bewegt und Dinge zu gebären scheint, in Wirklichkeit überhaupt nichts geboren wird. Und sobald wir diese selbst-befreiende Natur der Sprache erkennen, sind wir fähig zu anderen Menschen so zu sprechen und mit ihnen so zu kommunizieren, dass es ihnen hilft, in ihrem eigenen Gebrauch der Sprache lockerer und freier zu werden. Es gibt jede Menge Arbeit zu tun, um zu erreichen, dass die Nicht-Arbeit des Zulassens auf natürliche Weise geschieht.

༡༦

Vers 16

ཨཱཿ

Der Anfang von Samsara

དེ་ལྟར་མ་རྟོགས་ཤེས་པ་དྲན་མེད་འཐོམས༔
ལྷན་ཅིག་སྐྱེས་པའི་མ་རིག་པ་ཞེས་བྱ༔
སྣང་བ་སྟོང་པ་སོ་སོར་གཉིས་སུ་གོལ༔
གཟུང་འཛིན་སྒྲོགས་ཀྱིས་བཅིང་བས་ཀུན་ཏུ་བརྟགས༔

»Wenn dies nicht realisiert wird, verliert Bewusstheit ihre Kontinuität und wird dumm. Dies wird als die ›gleichzeitig aufkommende Unwissenheit‹ bezeichnet.
Erscheinungen und Leerheit werden fälschlicherweise voneinander geschieden und als getrennte Dinge erfahren.
Gebunden durch die Fessel eines greifenden Subjekts und ergreifbaren Objekts, entwickelt sich die Unwissenheit des verdinglichenden Identifizierens.«

In diesem Vers beschreibt Nuden Dorje den Beginn von *Samsara*, die Natur der Entwicklung von Unwissenheit. Er sagt, dass wir, wenn wir unser Integriert-sein in der Bewusstheit – welche von Anbeginn an vollkommen rein und frei von jeder Künstlichkeit war – nicht aufrecht erhalten, in einen Bereich von Dummheit eintreten, und das heißt nichts anderes, als dass wir selbst dumm werden. Dieser Zustand wird als gleichzeitig auftauchende oder aufkommende Unwissenheit bezeichnet (*Lhan Cig sKyes Pa'i Ma Rig Pa*). ›Gleichzeitig aufkommend‹ ist hier die Übersetzung des tibetischen Ausdrucks *Lhan Cig*, dessen Bedeutung ist: »Zusammen, zur gleichen Zeit geboren werden.«

Ein Beispiel dafür wäre unser Schauen in den Spiegel: Wir sehen unser Gesicht. Eigentlich sehen wir eine Spiegelung, aber wir sehen darin unser Gesicht. Es sind zwei Dinge da. Es gibt die Spiegelung, die bloß etwas auf der scheinenden Oberfläche des Spiegels ist, und da ist noch die erlebte Empfindung davon, dass es unser Gesicht ist, das wir anschauen. Beides ist da. Während wir uns aber rasieren oder Make-up auftragen, schauen wir diese Person an, die wir selbst sind. Wir könnten erkennen, dass es sich bloß um eine Spiegelung handelt, aber gewöhnlich halten wir das Bild für real.

So ergibt sich etwas im Geiste, das einfach ein schwebender Augenblick auf der Oberfläche des kontinuierlichen Stromes von energetischem In-Erscheinung-Treten ist. Es wird jedoch als etwas an und in sich Existentes ergriffen und so scheint es aus dem Zustand des Spiegels in eine Art getrennter Existenz herausgezogen zu werden. In Wirklichkeit entfernte sich nichts vom Spiegel. Alles ist, wie zuvor, bloß dieser ungeborene Strom energetischen Entstehens. Dabei bedeutet ›ungeboren‹, nicht als eine getrennte Entität, nicht als getrenntes Ding geboren worden zu sein.

Wir haben gleichzeitig das, was ist – das Tatsächliche also – und das Nicht-erkennen dessen, was tatsächlich ist. Der Text sagt: »*Erscheinungen und Leerheit werden fälschlicherweise voneinander geschieden und als getrennte Dinge erfahren.*« Und je mehr wir glauben, dass Erscheinungen getrennte Entitäten sind, umso mehr geht jede gefühlsmäßige Wahrnehmung der offenen Leerheit verloren, jede Erinnerung daran, und während wir mehr und mehr subtile Aufspaltungen erfahren, wird die Welt immer komplexer und fragmentierter.

Während wir in diesen Spiegel der Erfahrung schauen, der jetzt voller Dinge ist, sehen wir darin die Spiegelung unserer selbst. Doch das Selbst, das wir gespiegelt sehen, ist auch ein Ding – denn, was wir vor uns sehen, sind Dinge. Je mehr die Welt voller Dinge ist, desto sicherer sind wir uns – als diejenigen, die die Dinge erfahren – dass wir auch ein Ding sind.

Diese äußeren Dinge verändern und bewegen sich unaufhörlich, und das erzeugt in uns eine Art Angst. Wir wollen nicht, dass unser Ding, unsere grundlegende Empfindung, dass das ›Ich‹ existiere, betroffen wird. Je mehr wir aber in der äußeren Welt Veränderung begegnen, desto mehr bemühen wir uns darum, die Kontinuität dieser falschen, konstruierten Schöpfung, die wir unser ›Selbst‹ nennen, aufrechtzuerhalten.

Wir haben die Empfindung eines ›Selbst‹. Dieses ›Selbst‹ jedoch, welches wir jetzt erschaffen, existiert nicht als eine dauerhafte Essenz. Es muss fortfahren sich selbst in Kleider zu hüllen, um sich ein Gefühl von Existenz zu geben. Es ist wie in den Comics für Kinder, wo das Gespenst, wenn es ankommt, sich ein Hemd anziehen muss, und plötzlich sieht man ein Hemd sich durch das Zimmer bewegen. Wir können nur mit Hilfe der Kleider sehen, wo das unsichtbare Ding ist, und das verdammt uns dazu, bei dem Versuch, herauszufinden, wo wir sind, unaufhörlich neue Kleider anzuziehen, neue Konzepte, neue Identitäten. Das ist die zweite Stufe der Unwissenheit, auf welcher der Geist noch geschäftiger wird, ›wirkliche‹ Entitäten zu identifizieren und zu konstruieren, die als Stütze für sein sich entwickelndes Gefühl, dass er eine ›wirkliche‹ Entität ist, dienen soll.

༡༧

ཨཱཿ Vers 17

›Ich‹ und ›Mich‹

མེད་པ་ལའང་ཡོད་པ་བདག་ཏུ་བཟུང༔
རང་ཉིད་འཁྲུལ་བས་བཅིང་བའི་བདག་ཏུ་འཛིན༔
ང་བདག་རང་རྒྱུད་ཆགས་སྡང་འཕེལ་བའི་རྒྱུ༔
ཉོན་མོངས་དུག་གསུམ་དུག་ལྔ་འཁོར་བའི་ལས༔
གཅིག་ལས་དུ་མ་བརྒྱ་ཁྲི་བཞི་སྟོང་རྒྱུས༔

»Sowohl nicht-existente als auch existente Dinge werden als wirklich ergriffen und aufgefasst. Durch die Verwirrung einer Selbstidentifikation gebunden erfährst du ein Selbst, das dieses Ergreifen ins Werk setzt. Mit Vorstellungen von ›Ich‹ und ›Mich‹, die sich in deinem Bewusstseinsstrom entwickeln und zur Ursache von Anziehung und Ablehnung werden, entsteht die samsarische Aktivität der Verdunkelungen der fünf Geistesgifte von Dummheit, Abneigung, Anziehung, Stolz und Eifersucht. Aus einer einzigen Ursache entstehen viele andere Ursachen (also die ganze Komplexitat von Samsara).«

»SOWOHL NICHT-EXISTENTE ALS AUCH EXISTENTE DINGE *werden als wirklich ergriffen und aufgefasst.*« Die christliche Vorstellung von Gott ist ein sehr gutes Beispiel für das Nicht-Existente. Gott kann als leerer ›Bedeutungsträger‹ in jeder gewünschten Weise definiert werden – es gibt nichts Sichtbares oder Greifbares, das unserer Definition widersprechen könnte. Wenn wir kleine Kinder haben, ist es uns vertraut, mit ihnen auf dem Bett zu liegen und zu beginnen: »Vor langer, langer Zeit ...« Etwas kommt uns in den Sinn und daraus entwickelt sich eine kleine Geschichte. Der Grund dafür, warum wir das tun können, liegt darin, dass wir unser Leben lang nichts anderes tun, als uns selbst Geschichten zu erzählen. Wir sind gut darin, uns von Erzählungen verführen zu lassen und andere Leute mit Erzählungen zu verführen.

Der Text sagt: »*... Durch die Verwirrung einer Selbstidentifikation gefesselt erfährst du ein Selbst, das dieses Ergreifen ins Werk setzt.*« Wir beginnen also zu fühlen: »Oh, ich bin es, der dies tut. Ich bin derjenige, der ... Etwas geht vor sich. Jemand baut da etwas. Das muss wohl ich sein.« Dieses ›Ich‹ und ›Mich‹[17] sind sehr interessante Begriffe. Das ›Ich‹ ist wie ein Jäger und Sammler. Es ist immer sehr damit beschäftigt, in der Welt nach Dingen Ausschau zu halten, die es für ›mich‹, der da den Topf am Kochen hält, nachhause bringen kann. Das ›Ich‹ wird unaufhörlich neue Dinge aufspüren, die es interessant finden und dazu benutzen kann, um ein Gefühl von ›ich, mir, mich‹ zu erschaffen – eine beständige stabile Basis, an die man Erfahrung herantragen kann.

Mein Selbst ist kein Ding, es ist eine Beziehung, die ich mit mir selbst habe. Ich denke über mich nach, ich kann auf mich stolz, traurig, ängstlich, hoffnungslos und vieles mehr, sein. ›Ich‹ und ›mich‹ sind Punkte in einem Dialog, einem Dialog, der einen weiten Bereich von Erfahrungen, Eigenschaften, Emotionen, Urteilen und Konzepten zu einer scheinbar zusammenhängenden, kohärenten Erzählung zusammenbindet, einer Erzählung von mir selbst als von einer bestätigenden und kontinuierlichen Anwesenheit. Je raffinierter wir mit Sprache umgehen können, desto befähigter sind wir auch darin, die Überraschungen und Konflikte umzuleiten, die das Zeug hätten, uns auf unseren Wegen zum Halt zu bringen und in uns die Frage aufkommen zu lassen, wer wir eigentlich sind.

Wie sich dies alles entwickelt, können wir sehen, wenn wir Kinder beobachten. Der kleine Paul z.B. sitzt manchmal im Sandkasten, und wir können sehen, dass er ein sehr offenes und lachendes Gesicht hat. Er geht zu anderen Kindern und drückt direkt aus: »Ich mag dich!«, und dann gibt ihm das andere Kind einen Stoß und er fällt um, und während er umfällt, sieht er überrascht aus. Etwas ist ihm geschehen. Als er zu dem anderen Kind hinging, war sein Gesicht strahlend und sein Körper sehr offen, aber während er umfällt, zieht er sich in sich selbst zurück. »Etwas ist mir geschehen.« Nun, er ist sehr unschuldig und sehr offen, und er verfügt noch nicht über zu viele Erinnerungen. Und so ist seine Empfindung von ›Ich‹ und ›Mich‹ noch nicht sehr stark. So ist er bereit, es mit einem offenen Herzen neu zu versuchen.

Wenn er herumhüpft, ist er voller Erwartung, dass die Leute es mögen, und wenn sie lachen, denkt er: »Oh, das ist nett.« Er hat wenig Sinn dafür, dass die Leute vielleicht über ihn lachen könnten. Diese Unschuld berührt uns so sehr, weil wir sie verloren haben. Wir alle haben viel mehr Geschichte. Wir tragen viel mehr Wunden, wir haben um unser Herz ganz schön was an blauen Flecken abbekommen, und so sind wir viel empfindlicher in Bezug darauf, was andere Leute von uns denken. Und wir sind viel raffinierter darin, Spielchen zu spielen, um die Leute dazu zu bringen, uns zu mögen.

Unsere schmerzlichen Erfahrungen haben die fünf Geistesgifte direkt in unsere Welt gebracht. Unsere massive Empfindung, eine getrennte Person zu sein, brachte uns die Furcht um unsere Sicherheit in der Welt. Dies führt zu Abneigung und Anhaftung, denn wir sehnen uns danach, unsere Beziehung mit unserer Umgebung vorhersagbar und steuerbar zu machen. Daraus entstehen dann aber all die anderen festgelegten und abwehrenden Haltungen. Und so wird die Welt, der wir begegnen, mit vielen subtilen Stimmungen von Hoffnungen und Befürchtungen, mit Zweifeln, Eifersüchten und Stolz überdeckt und durchtränkt. Sogar hier, während eines *Dharma*-Retreats haben wir, wenn wir uns im Raum umschauen, ein komplexes Empfinden dafür, wen wir anschauen können und bei wem wir besser wegschauen. Dies ist für uns keineswegs ein neutraler Ort. Die Kraft der Projektionen, der Interpretationen und der impulsiven Reaktionen hält uns auf Trab bei dem Versuch, bei dem Spiel die Nase vorne zu haben.

༡༨

Vers 18 ཨཱཿ

Die Falschheit erkennen

འཁྲུལ་པའི་རང་མཚང་རང་གིས་རིག་པས་ན༔

མ་བཅོས་རྩོལ་མེད་གནས་པ་ཆོས་ཀྱི་སྐུ༔

»Wenn du die Falschheit deiner Verwirrung erkennst, verweile ohne künstliche Hinzufügungen und ohne Anstrengung in der natürlichen Seinsweise (Dharmakaya).«

Was für uns zu erkennen sehr wichtig ist, ist die eigene Falschheit. Es geht hierbei nicht um ein Urteil, dass wir manchmal authentisch, manchmal aber auch falsch sind. Es bedeutet vielmehr, dass bei unserem gewöhnlichen Gefühl von uns selbst alles an uns falsch ist, weil es auf einem falschen Verständnis der Natur der Wirklichkeit beruht. Sobald die ursprüngliche, gleichzeitig auftauchende Unwissenheit aufkommt, machen wir aufgrund der bloßen Struktur des damit einhergehenden Bewusstseins schon alles falsch. Es geht uns wie Leuten, die an der Universität ihr Abschlussexamen ablegen sollen. Sie gehen in den falschen Prüfungssaal und lesen die Fragen nicht sehr genau und sie geben sehr lange Antworten zum eigenen Thema, das unglücklicherweise nicht dasjenige ist, zu dem sie geprüft werden. Es spielt keine Rolle, wie gut die Antworten sind, sie werden durchfallen, denn sie gehen nicht auf die gestellte Frage ein.

Die grundlegende Frage ist immer ›Wer bin ich?‹ Wir verstehen die Frage nicht, und so antworten wir mit einer nicht endenden Erzählung versuchter Selbstdefinitionen. Dies verdeckt die Frische der Frage, die Möglichkeit des Nachforschens und Sehens, und so sind alle unsere Antworten abgestanden; es sind immer aufs neue umgearbeitete, selbst-schützende Versionen, die aus nicht hinterfragten Elementen konstruiert sind. Wir haben viele, viele Antworten, und alle sind sie falsch. Das macht es so wichtig, bei der Meditation der drei ›A‹, oder auch bei anderen Meditationen deine ganze Energie einsgerichtet in die Praxis einzubringen, um zu versuchen, den Fehler der alles auslösenden, grundlegenden Bruchstelle, die Subjekt und Objekt entzweit hat, zu beheben. Dabei ist es sehr wichtig, dass wir die Scham darüber aufgeben, falsch zu sein. Denn wir müssen sehen, wie Falschheit aufkommt, wie sich Verdunkelung entwickelt. Wir wollen unsere Falschheit ganz direkt anschauen und ihre Tricks verstehen lernen, so dass wir nicht mehr auf sie hereinfallen. Das hilft, den Raum zu öffnen, in welchem wir unsere eigene Natur erkennen können.

Während tantrischer Rituale, wie etwa der *Großen Rigdzin* Praxis, führen wir die Meditation über *Dorje Sempa* (*rDo rJe Sems dPa'; Vajrasattva*) viele Male aus und reinigen damit all die Sünden, Fehler und Irrtümer, die wir seit Anbeginn von *Samsara* angehäuft haben. Vom Standpunkt der relativen Wahrheit aus haben wir eine große Menge schlechten *Karma* angehäuft, welches, wenn wir uns nicht darum kümmern, später zu sehr schmerzlichen und schwierigen Umständen führen wird. Daher sind die Reinigungspraktiken des *Tantra* sehr hilfreich.

Im *Dzogchen* versuchen wir aber an den essenziellen Punkt zu kommen, an dem *Samsara* und *Nirvana* voneinander scheiden. Das wirkt wie ein großartiges Unkrautvernichtungsmittel: Man spritzt nur einmal, und alles Unkraut, alle Verwirrung, aller Schmerz und alles Leiden werden verschwinden. Du brauchst nicht jedes Unkraut einzeln auszureißen. Der Glaube, eine schlechte Person zu sein, ist für die Praxis des *Dzogchen* nicht gerade hilfreich. Aber auch der Glaube, eine gute Person zu sein, ist nicht sehr hilfreich für die Praxis des *Dzogchen*. Du bist keine Person! Indem wir im ungeborenen Zustand ruhen, sind wir reine Bewusstheit, frei von der geringsten Verunreinigung. Wenn du deine Ego-Identität aufgibst, deine *samsarische* Staatsbürgerschaft, dann zerreißt du deinen Ausweis, und alle mit dieser Identität verbundenen Probleme, Sünden und Polizeiakten verschwinden augenblicklich.

༡༩

ཨཱཿ

Vers 19

Entspanne dich, frei von Festhalten …

མ་ཡེངས་ཙམ་དུ་ཅོག་གེ་ཞོག༔

དྲན་པས་ཆེད་དུ་བཟུང་བའི་ཚེ༔

གནས་ལུགས་རང་སར་གྲོལ་བ་དཀའ༔

དྲན་རིག་རང་བབ་སོ་མའི་ངང༔

ཆེད་འཛིན་མེད་པའི་ངང་དུ་ཞོག༔

»Bleibe entspannt in der sich darbietenden Schau dieses Zustandes, ohne zu schwanken. Wenn du aber versuchst, dich zwanghaft darauf zu besinnen, dann wird die Erfahrung, dass der natürliche Zustand am eigenen Ort selbst-befreiend ist, schwerlich eintreten. Halte Besinnung und Gewahrsein im frischen Zustand eines natürlichen Geschehens, einem Zustand frei von starkem Festhaltenwollen.«

»BLEIBE ENTSPANNT IN DER SICH DARBIETENDEN SCHAU *dieses Zustandes, ohne zu schwanken.*« Wenn wir uns durch die Praxis entspannen und zur Erkenntnis unserer selbst als der nirgendwo und auf nichts fußenden offenen Gegenwärtigkeit erwachen, kommt es weiterhin zu ständig neu auftauchenden Erfahrungen, jetzt aber als die aktuelle, natürlich sich entfaltende Schau des Zustandes der Offenheit. Gewöhnlich ist Wirklichkeit etwas, das uns widerfährt; jetzt aber sind wir untrennbar eins mit dieser unendlichen, ungeborenen Integration, in welcher die Empfindung »,Oh, ich bin hier, ich mache diese Erfahrung ...« ein Teil der Manifestation ist.

Unser Ego kann sich nicht länger die ganze Show aneignen. Da es über kein Territorium verfügt, auf dem es sich festsetzen könnte, kommt und geht es wie alle Erfahrungen, in Resonanz mit dem, was in Erscheinung tritt, anstatt mit dem Versuch beschäftigt zu sein, ein festgefügtes, aus Repräsentationen zusammengestricktes Empfinden von sich selbst aufrechtzuerhalten. Das Gefühl eines begrenzten, endlichen Selbst wird nicht als das Zentrum der Welt erfahren, sondern ist bloß eine Bewegung, während die erlebte Gegenwärtigkeit unendlich ist.

»*Wenn du aber versuchst, dich zwanghaft darauf zu besinnen, dann wird die Erfahrung, dass der natürliche Zustand am eigenen Ort selbst-befreiend ist, schwerlich eintreten.*« Wenn man versucht sich anzustrengen, oder wenn man angestrengt und zwanghaft versucht, sich zu besinnen, wenn man also versucht, etwas zu erreichen, dann gibt es da ein Moment des Willens. Es gibt ein Subjekt, welches versucht, irgendetwas zu erreichen, indem es auf den Bereich des Objekts einwirkt, um für das Subjekt den vom Subjekt gewünschten Zustand zu schaffen. Es liegt klarerweise bereits eine stark dualistische Polarisierung vor, eine Bedingung, unter welcher Gegenwärtigkeit, Präsenz, stets abwesend ist. Der Schlüsselpunkt ist hier, sich in die Offenheit hinein zu entspannen, jene Offenheit, die immer da ist. Was Schwierigkeiten bereitet, diese einfache Anweisung umzusetzen, ist, dass sie dem Ego instinktiv zuwiderläuft.

Entspannung hat mit einer Art von Gewahrsein zu tun, das unsere normale Tendenz umkehrt. Unserem gewöhnlichen Empfinden eines Selbst fehlt nämlich – wie wir bereits gesehen haben – jegliche innewohnende Existenz, und so muss es sich fortwährend aufbauen, was eine gewisse Anstrengung erfordert. Das Grundgefühl des Ego ist, dass es, wenn ich mich nicht zusammenreiße, zu einem Zerfall in irgendetwas Chaotisches und Schwieriges kommen wird. Es gibt da also eine Angst, eine energetische Angst, die im Körper, im ganzen energetischen

System des Körpers lokalisiert ist, und interpersonelle Turbulenzen erinnern uns immer wieder daran: »Wenn ich nicht alles zusammenhalte, werde ich in Schwierigkeiten geraten.« Der Glaube an Reinkarnation gibt einen Hinweis darauf, dass wir für viele Lebenszeiten in dieser Angst gefangen waren, in dieser nervösen Kontraktion, die unser gewöhnliches greifendes Empfinden eines Selbst aufrechterhält.

Der Text sagt dann: »*Halte Besinnung und Gewahrsein im frischen Zustand eines natürlichen Geschehens, einem Zustand frei von starkem Festhaltenwollen.*« Vielleicht erinnern sich manche an den vor einigen Jahren populären Song »Relax« von »Frankie goes to Hollywood«, und darin heißt es: »Entspann dich, mach es nicht, wenn du's tun willst. Entspann dich, mach's nicht, wenn du kommen willst.« Dieser Song handelt von Analverkehr. Als kleine, in die Windeln scheissende Babies haben wir es gelernt, unseren Schließmuskel anzuspannen und wir wurden dann ganz stolz, dass wir nicht ständig voller A-a waren. Wenn man aber analen Sex haben will, muss man in der Lage sein, den Schließmuskel zu entspannen, und für viele Leute ist das ein Problem, weil ein Angstgefühl hochkommt, wenn man gegen ein stark verwurzeltes Muster verstößt. Man muss lernen, sich zu entspannen, dort wo der Instinkt dich dazu bringt, dich anzuspannen und Kontrolle auszuüben.

In gewisser Hinsicht ist *Dzogchen* ähnlich, weil es den Impulsen von *Samsara* stark zuwiderläuft. Das, was auftaucht, einfach zuzulassen, einen weiten Bereich von Erfahrungen zu tolerieren statt Erfahrungen aufzubereiten, zu privilegieren oder abzulehnen, ist dem Ego nicht möglich – nur Gegenwärtigkeit oder Präsenz, Bewusstheit (*Rig Pa*), die kein Konstrukt und jenseits von aller Bedingtheit ist, ist offen für das, was ist.

Für uns ist es normal, uns außer Kontrolle zu fühlen: Krieg, wirtschaftliche Veränderungen, Beziehungsprobleme, Gesundheit, all dies und vieles mehr sind Faktoren, die uns daran erinnern, dass die Stabilität, die wir suchen, durch die uns verfügbaren Mittel nicht erreicht werden kann. Furcht, Depression, Einsamkeit, Hoffnungslosigkeit: Es gibt viele Gefühle und Körperempfindungen, von welchen wir uns überwältigt fühlen können, weil es für sie keinen Platz in unserem vertrauten Gefühl dafür, wer wir sind, gibt. Das ist auch der Grund dafür, warum eine direkte Einführung (*Ngo-sProd*) im *Dzogchen* so wichtig ist. Solange wie wir keine Übertragung bekommen und keine unmittelbare Erfahrung unserer eigenen Bewusstheit gewinnen, werden wir in einer sehr begrenzten Erfahrung davon, wer wir sind, gefangen bleiben, in einem Zustand voller Festhaltenwollen und Angst. Es ist auch sehr wichtig, in uns selbst zu beobachten, wo Angst lokalisiert ist. Wo sind deine ureigensten Punkte? Wir haben diesbezüglich alle verschiedene Muster. Wo sind die Punkte, an denen du ängstlich oder besorgt oder begrenzt wirst, und unfähig bist, dich in eine offene Erfahrung hineinzubegeben? Dich selbst zu beobachten und ehrlich die Art und Weise anzuschauen, wie deine Begrenzungen wirken, ist essenziell, wenn sie zu unseren Verbündeten werden sollen, zu Aspekten unseres Pfades zur Befreiung.

༢༠

ཨཱཿ # Vers 20

»Iss die Suppe!«

འཁྲུལ་བའི་རང་རྒྱུད་མཚང་རིག་ནཿ
གཞི་མེད་རྩ་བྲལ་རང་སངས་རྒྱསཿ

»Wenn du zur [Erkenntnis der] Falschheit deiner verwirrten Existenz erwachst, bist du ein Buddha, frei von Grund und Wurzel.«

»WENN DU ZUR [ERKENNTNIS DER] FALSCHHEIT *deiner verwirrten Existenz erwachst, bist du ein Buddha, frei von Grund und Wurzel.«* Buddhaschaft ist hier nichts besonders Prunkvolles und kunstvoll Ausgetüfteltes. Sie ist kein Konstrukt. Sie ist auch nicht heilig oder göttlich. Sie ist schlicht die Enthüllung dessen, was immer schon gewesen ist, frei von Ursachen und stützenden Faktoren.

Ich erinnere mich an die erste Initiation, die ich von Rinpoche vor langer Zeit empfing. Ich hatte viele kraftvolle Erfahrungen während der Initiation. Danach gingen wir hinaus in den Garten seines kleinen Hauses in Bengalen und ich wollte ihn darüber befragen, was denn passiert sei. Er aber rief seiner Frau zu: »Amala, bringe die Suppe!« Dann aßen wir die Suppe und er sprach mit mir über die Suppe, ich aber wollte über meine Erfahrungen sprechen, worauf er sagte: »Iss die Suppe!«

Was wirklich wichtig ist, ist die eigenen Erfahrungen nicht zu sehr aufzubauschen. Natürlich geschehen uns während der Praxis der Meditation allerlei seltsame Dinge. Vom Standpunkt des *Dzogchen* aber sollte alles selbst-befreit sein, da Präsenz keinen Boden, keinen Grund und keine Wurzel hat. Gute wie schlechte Dinge sollten frei gelassen werden. Wir dringen vielleicht bis zur Ebene eines *Buddha* vor, viele wundervolle Dinge geschehen mit uns und wir erfreuen uns für eine Weile strahlend guter Gesundheit; dann aber werden wir sehr krank, und wir werden sehr unglücklich, wenn wir uns an den guten Zustand klammern und denken: »Warum gehts mit mir nun bergab?« Etwas zu genießen ist etwas anderes als Anhaftung. Genießen ist immer im Augenblick, Anhaftung strebt nach der Fortsetzung des Augenblicks. Also entspanne dich, sei im Augenblick einfach gegenwärtig, gebrauche jeden Augenblick und alles, was in Erscheinung tritt, als Mittel zur Rückkehr in unmittelbare Präsenz, die sich auf nichts stützt.

Je mehr du innerhalb dieser Sichtweise praktizierst, desto mehr kann alles für dich zu einer Lehre werden, so dass jeder Song, den du hörst, jedes Gericht, das du isst oder jedes Stehen in der Schlange im Supermarkt zu einer Enthüllung des *Dharma* werden. Solange wir jedoch wissen, was der *Dharma* ist und wir der Welt sagen: »Oh, dies ist *Dharma*, dies ist kein *Dharma*«, solange ist es für den natürlichen, erleuchteten, überall anwesenden *Dharma* sehr schwierig, sich uns allzeit zu offenbaren –, was aber die Bedeutung von Erleuchtung ist.

Alles verändert sich, wenn wir zu der gelebten Erfahrung erwachen, dass unser Gewahrsein ungeboren ist, kein Ding ist und auf nichts anderem beruht. Dann erkennen wir, dass alle unsere Annahmen, alle unsere Ansichten darüber, wer wir seien, eine Dummheit waren. Unsere Vorstellungen, auf die wir uns bis zu diesem Augenblick verließen, die Gedanken über uns und unsere Welt, die wir für wahr hielten, erkennen wir dann als falsch. Wir erkennen, dass diese Gedanken, statt uns zu helfen, uns in Verwirrung gefangen hielten. Von allem Anfang an ist alles rein, und so gibt es keine Unwissenheit und keine daraus folgenden Bedrängnisse. Alles, was in Erscheinung tritt, ist selbst-befreiend. Unsere Natur ist unendlich und jenseits von Bedingtheit durch irgendeine vergängliche Erscheinung. Und doch sind Stille und Bewegung nicht-dual und ebenso sind Mitgefühl und Weisheit innerhalb der drei Modi* des natürlichen Zustandes untrennbar.

Die Praxis des ›Phät‹

Meditation hat viele verschiedene Aspekte, und jede Art der Meditation hat ihre besondere Funktion, stellt einen spezifischen Weg der Unterstützung dar, unsere Fähigkeit zum nicht abgelenkten Verweilen im Zustand des Gegenwärtig-Seins zu entwickeln. Zum Beispiel müssen wir fähig sein, mit Hilfe verschiedener Arten der Fokussierung auf den Atem, auf Steine oder Schriftzeichen eine Aufmerksamkeit zu entwickeln, die frei von Ablenkung ist. Desweiteren müssen wir lernen, uns zu entspannen und uns in einen Zustand der Verschmelzung hinein zu öffnen, und um das zu tun, können wir die Praxis mit Meditations-Gottheiten** einsetzen. Und wir müssen in der Lage sein, was immer in Erscheinung tritt, in den natürlichen Zustand unseres eigenen Gewahrseins zu integrieren. In der Unterweisung des *Longde* (*kLong sDe*) im *Dzogchen* gibt es dafür viele verschiedene Techniken: körperliche *Yogas*, Atemtechniken, Visualisierungen, Verwendung von Pulspunkten des Körpers, verschiedene Arten der Ernährung – viele verschiedene Techniken, wie du die eigene Energie in Abhängigkeit von den Situationen, in denen du dich gerade befindet, steuern kannst. Die essenzielle Praxis hierfür ist, dich im Zustand unmittelbarer Präsenz zu befinden und diesen aufrechtzuerhalten.

Der vierte Aspekt ist ›Subversion‹, durch welche man versucht, sich selbst in einem Augenblick verlorenen Gleichgewichts zu erwischen, um etwas Raum zu öffnen. Eine einfache Form dieser Praxis ist der Einsatz der Silbe ›Phät‹. Es gibt sehr viele detaillierter Beschreibun-

---

* Drei Kayas: Die wahre Natur ist die unzerstörbare Integration der drei Seinsweisen: Des *Dharmakaya*, der offenes leeres Gewahrsein ist; des *Samboghakaya*, der die Klarheit der Manifestation jenseits von Verdinglichung ist; und des *Nirmanakaya*, der die Manifestation der Präsenz des Buddha ist, eine spontane »Antwortung« von Augenblick zu Augenblick, in allen immer und ewig sich wandelnden Situationen.

** Gottheiten: kommen in der tantrischen Tradition zum Einsatz. Es gibt viele verschiedene Gottheiten, die als Stütze in der Meditation verwendet werden. Durch Visualisierung wird ihre nicht-duale Natur zu einer direkten Erfahrung des Meditierenden, welcher nach der *Mantra*-Rezitation vollständig in die Natur der Gottheit verschmilzt.

gen dieser Praxis in dem Text von Patrul Rinpoche über »Das Wesentliche in drei Aussagen«, der einen Kommentar zu einer ursprünglich von *Garab Dorje* (*dGa' Rab rDo rJe*) stammenden Unterweisung darstellt. Eine Übersetzung dieses Textes liegt in dem Band »Aus dem Handgepäck eines tibetischen Yogi« vor.

Dem stetigen Fluss von Gedanken, Gefühlen und Empfindungen gegenüber grenzt sich unsere zugreifende und festhaltende Empfindung eines Selbst ab: »Das bin ich, das bin nicht ich, jenes bin ich, jenes bin ich nicht …«. Das versucht eine klare Grenze zu schaffen, eine Art Außenhaut des Selbst, welche die Illusion einer fortwährenden Abgetrenntheit unseres Selbst aufrechterhalten soll.

Moderne Meteorologen mögen da anderer Ansicht sein, aber für Tibeter kommen die Wolken aus dem Himmel und gehen zurück in den Himmel. Und in diesem Sinn ist der Himmel die Offenheit des natürlichen Zustandes selbst, und die Wolke des In-Erscheinung-Tretens kommt aus der Offenheit und kehrt in sie zurück. Die Wolke verlässt den Himmel niemals, sie ist ein Aspekt des Himmels. Man kann die Wolke nicht aus dem Himmel heraustrennen. Sie befindet sich einfach dort. Wenn wir aber die Wolke anschauen, sagen wir: »Oh, da ist eine Wolke am Himmel!«, als ob die Wolke etwas Getrenntes wäre. Oder aber, du schaust in einen Spiegel und siehst die Wiederspiegelung deines eigenen Gesichts, und dann sagst du: »Schau, ich bin im Spiegel.« Was aber im Spiegel ist, ist eine Spiegelung, denn du bist nicht ein Etwas im Spiegel, du bist der Spiegel *und* seine Reflexion, die Stille und die Bewegung.

Wenn wir ›Phät‹ ausrufen, versuchen wir den Punkt durchzuschneiden, wo die scheinbare Trennung zwischen Präsenz und der Geburt einer Entität eintritt, abgesondert vom Grund ihres Erscheinens. Indem wir den Laut ›Phät‹ von uns geben, versuchen wir, unseren Geist schockartig in den Zustand der Offenheit zurückzubringen, in den spiegelgleichen Zustand, so dass die Neigung dieser Konzepte, sich zu verfestigen und zur Basis für die Konstruktion eines Selbst zu werden, kollabiert.

Der Grundgedanke ist hier, entspannt, aber zugleich mit aufrechter Wirbelsäule zu sitzen, wodurch die Knochenstruktur des Körpers so gehalten wird, dass im Innern, besonders um das Zwerchfell, eine freie Bewegung stattfinden kann. Der Gürtel sollte nicht eng sitzen. Um in das Ganze etwas Energie zu bringen, ist es zuweilen hilfreich, einen kleinen grünen Ball etwa zwei, drei Fingerbreit unterhalb des Nabels und ziemlich mittig im Körper oder einfach unmittelbar vor der Wirbelsäule zu visualisieren. Dabei lassen wir zu, dass der Klang ›Phät‹ von dort unten aufsteigt. Keine gute Idee ist es, ihn aus der Kehle herauszuschreien, weil dies unseren Hals wund und uns selbst sehr angespannt machen würde. Genauso wie du manchmal, wenn du sehr stark niest, eine Art kleinen Schock dabei erleben und vor den Augen vielleicht kleine Lichtbälle sehen kannst, so kann auch das ›Phät‹ einen ähnlichen Effekt haben. Du versuchst dabei nicht, extra rauh und laut zu tönen, denn Praxis ist kein Ort dafür, eine Show zu liefern, wir sind aber dabei auch nicht schüchtern und ängstlich. Dies ist eine Yoga-Praxis, und Yogis sind Leute, die schamlos ihr Ziel des Erwachens verfolgen. Und so legen wir unserer nackten Erfahrung gegenüber ein Versprechen ab, all diese Spinnweben konzepthaften Denkens zu beseitigen und einen frischen, neuen Tag hereinzulassen. Dann entspanne dich und erlaube dem Klang, voll durch dich hochzusteigen.

Wir beginnen mit der Praxis der drei ›A‹, um mit der Präsenz eins zu werden. Wenn dann im Zustand von Entspannung Gedanken, Gefühle und Empfindungen aufkommen und du etwas wie eine Eintrübung oder irgend eine Art von Erregung erfährst, durch die du deine Klarheit verlierst, stoße ein ›Phät!‹ aus. Setze das ›Phät‹ so lange ein, bis sich etwas Raum eröffnet, und entspanne dich dann wieder in die Praxis der Integration. Dies hat Ähnlichkeiten mit der Praxis des *Chöd*, denn es gibt keinen schlimmeren Dämon für uns als diese heimtückischen Empfindungen und Gefühle, die auftauchen und die wir für uns selbst halten. Wir sollten in dieser Praxis der Zerstörung von Verdunkelungen ziemlich gnadenlos vorgehen, denn auch die Verwirrung wird kein Erbarmen mit uns haben. Es handelt sich hier um eine Schocktaktik, und du musst üben, bis du das ›Phät‹ als von selbst aufsteigend erfährst, ohne Trennung von Subjekt, Objekt, Absicht und Handlung.

Die Funktion der Initiation

In der *Großen Rigdzin*-Praxis, wenn wir das Empfangen der vier Initiationen praktizieren, benutzen wir diesen Prozess zur Entfaltung der Möglichkeit, die Natur unseres Geistes zu erkennen. Allgemein gesprochen versuchen wir, wenn der *Guru* die Initiation gewährt, unseren

Geist zu entspannen, so dass unser Geist mit dem Geist des *Guru* verschmelzen kann. Der *Guru* kommt uns mit seinem entspannten Geist entgegen, und auf diese Weise kann unser beider Geist verschmelzen: Dies ist die unmittelbare Verbindung oder Übertragung.

Obgleich die Methode hier die des *Tantra* ist, gibt es bezüglich der Sichtweise keinen wirklichen Unterschied zu *Dzogchen*: Nachdem man seinen Geist mit jenem des *Guru* verschmolzen hat, ergibt sich eine größere Chance, die Natur des eigenen Geistes zu erkennen. Ist diese aber erst einmal erkannt, dann hängt diese Erfahrung von nichts ab.

Im Nyingma-Stil gibt es eine doppelte Bewegung zwischen *Tantra* und *Dzogchen*: Der Weg des *Tantra* benutzt Abhängigkeit, um Transformation zu erreichen. In der *Großen Rigdzin* sagen wir zum Beispiel: »Möge ich in allen meinen künftigen Leben mit Dir sein. Möge ich in Deinem *Mandala* sein. Möge ich Dir nahe sein. Bitte halte mich nah bei Dir!«. Im *Dzogchen* zielt der Pfad auf die Befreiung hin, in welcher wir jedwede Abhängigkeit verlieren und erkennen, dass der Geist, der unsere wirkliche Natur ist, auf gar nichts beruht, sondern von allem Anfang an selbst-existent ist. Es gibt jedoch keinen wirklichen Widerspruch, da, wenn man sich auf den Geist des *Guru* stützt, dieser Geist des *Guru* von allem Anfang an ungeboren war. So wird deine Abhängigkeit zum Pfad der Befreiung.

Meditation über Machig Labdrön

In dieser Praxis visualisieren wir Machig Labdrön im Himmel vor uns. Sie ist weiß und sie tanzt. Sie lächelt. Sie ist sehr, sehr glücklich. Sie schaut zu uns herunter. Sie liebt uns so sehr. Wir beten zu ihr. Wir lieben sie so sehr. Sie will uns retten. Wir möchten von ihr gerettet werden. Es ist sehr wichtig, mit einem offenen Herzen und voller Hoffnung, Erregung und Energie zu beten. Und während wir zu ihr beten, strömen unaufhörlich Lichtstrahlen in die drei Zentren von Körper, Sprache und Geist von uns selbst und allen fühlenden Wesen. Durch das Empfangen der vier Initiationen sind alle Hindernisse für das Erwachen zu unserem natürlichen Zustand beseitigt. So empfangen alle Wesen dieses wunderbare Licht, diese Reinigung. Die Lichtstrahlen berühren auch die Bäume, die Seen, die Berge; alles wird durch ihren Segen in ein Reich des Lichts verwandelt.

Das ist sehr wichtig, denn die grundlegende Sicht von *Dzogchen* ist, dass alles Licht ist, dass alles eine energetische Manifestation ist. Wir nutzen Hingabe des Herzens und ästhetische Wertschätzung, um so viele Zentren wie möglich in uns zu öffnen, so dass wir diesem Bild gegenüber völlig frei von Abwehr werden und mit ihm völlig verschmelzen können.

Indem alles von ihren Lichtstrahlen gesegnet wird, wird alles in ihre Natur transformiert, so dass wir uns schließlich vorstellen können, wie alle Wesen mit unserem Körper verschmelzen. Dann kommt Machig Labdrön über unseren Kopf; sie löst sich von den Füßen aufwärts und vom Kopf abwärts zu einem kleinen Ball aus regenbogenfarbigen Licht auf, der in unseren Scheitel eintritt und durch unseren Kopf herunter in unser Herz kommt. Dann löst sich unser eigener Körper, der jetzt alle Wesen und das ganze Universum enthält und nun aus Licht besteht, in diesem Lichtball auf. So geht Licht in Licht auf. Jetzt wird der Lichtball kleiner und kleiner und noch kleiner, bis er ganz in Leerheit aufgeht.

Die Kraft der Hingabe hilft uns, dieser Lichtkugel gegenüber die volle Aufmerksamkeit zu bewahren, während sie kleiner und kleiner und kleiner wird … Das Objekt löst sich im Subjekt auf und das Subjekt löst sich im Objekt auf, und in dieser nicht-dualen Natur schwinden sie in den grundlegenden Raum, und in diesen Zustand hinein entspannen wir uns. Wir ruhen darin einfach so lange wie möglich. Aber natürlich tragen wir die tief eingebettete energetische Spannung in uns, über die ich schon zuvor gesprochen habe, und die eine Tendenz hat, sich gerade in solchen Momenten zu manifestieren. So werden wir genau dann, wenn wir uns entspannen, beginnen, diese starke Vibration des Verlangens nach der Subjekt-Objekt-Spaltung zu fühlen. Es ist eine recht starke Tendenz, denn wir haben uns tiefgehend an diese nervöse Ängstlichkeit, die wir über viele Lebenszeiten angesammelt haben, gewöhnt. Wir sollten also nicht überrascht sein, wenn unser Geist in Aufregung gerät. Keine Sorge! Solange wir erkennen können: »Oh, das ist die Energie der Vergangenheit, jetzt kommt sie!«, hat sich etwas verschoben. Nun bist du mit *Machig Labdrön* verheiratet und diese Gedanken und Gefühle, die sich melden, sind wie ein alter Liebhaber, der dich wieder anruft. Wenn du diese Stimme hörst, steigt ein Gefühl hoch … ahh. Dann aber schaust du auf deinen Ringfinger und siehst den kleinen goldenen Ring

Machig Labdrön

der Leerheit und du sagst: »Danke für den Anruf und Tschüss!« – und so bleibt das Leben einfach. So geht's in der Theorie.

Wir machen diese Meditation, um unseren eigenen Geist zu erkennen – das ist der einzige Grund, warum wir es tun. *Machig Labdrön* braucht von uns nichts, und das einzige, was wir von *Machig Labdrön* zu bekommen nötig haben, sind wir selbst. Sie selbst also gibt uns nicht wirklich irgendetwas. Sie gibt uns uns selbst. Wenn wir die Visualisierung durchführen, müssen wir einen Weg finden, es so zu tun, dass unser Nicht-Abgelenktsein dabei unterstützt wird. Wenn du das Lied an *Machig Labdrön* gerichtet singst, und du fühlst dich einsam und traurig, dann kannst du es in einer Weise singen, als wärst du ein kleines, dreijähriges Kind, das seine Mutter verloren hat; du singst mit völlig gebrochenem Herzen und mit brüchiger Stimme. Du kannst dir auch vorstellen, dass dein Tod zu seinem Treffen mit dir kommt, und du musst ganz alleine gehen mit niemandem an deiner Seite, und so ist die Anwesenheit von *Machig Labdrön* sehr beruhigend und ermutigend. Gebrauche die ganze Bandbreite deiner Gefühle, um deine Praxis zu vertiefen.

Im Allgemeinen ist es sehr hilfreich, sich verzweifelt zu fühlen, wenn man betet. Wenn du dich an deine tatsächliche Situation in *Samsara* erinnerst, dann sollte Verzweiflung mühelos aufkommen. Wohlige Selbstzufriedenheit ist ein großes Hindernis im Dharma. Aber beruhigende, ermutigende Worte sind nicht genug – alleine die eigene Erfahrung macht es aus. Hingabe verwandelt die ängstlichen Spannungen, die ins energetische System unserer Kanäle und Winde eingebettet sind, in frei fließende Gemütserregung, wobei die Windenergien sich im Nabelchakra sammeln und in den Zentralkanal eintreten, was Auflösung im Raum zulässt. Es ist wie bei orgasmischer Entladung: Je größer die ausgelöste Erregung und die ihr vorausgehende Spannung und je größer die Konzentration der Aufmerksamkeit, umso größer ist die Intensität der Spannungslösung und die darauf folgende Periode offener Leerheit.

Gebet ist kein Kosmetikum, es ist eine Methode zur Verwandlung deiner selbst, und je stärker du in Berührung mit deinem Verlorensein und deiner Angst und deinen Sorgen bist, desto mehr öffnest du dich der Möglichkeit, da hindurchzugehen. Wenn wir so beten, möchten wir die ganze Konzentration unserer Aufmerksamkeit einzig und allein auf *Machig Labdrön* richten. Wenn du magst, kannst du dir einfach vorstellen, dass die Lichtstrahlen alles gereinigt haben und nun alles vollkommen rein ist. Jetzt existiert nur noch zweierlei: Wir und sie, mit viel Energie zwischen uns beiden.

Dann nähert sich *Machig Labdrön* langsam unserem Scheitel. Sie ist sehr energiegeladen, und auch du bist voller Energie. Sie beginnt immer kleiner und kleiner zu werden, von den Füßen aufwärts und vom Kopf abwärts, bis sie sich in einen kleinen Lichtball verwandelt hat. Dies ist eine weniger elaborierte Manifestation in Form eines *Thigle*, einer strahlenden leeren Kugel, der Energie des *Dharmakaya*. Der Lichtball bewegt sich dann durch unseren Kopf in unser Herz. Auch unser Körper »rollt sich einwärts« und kollabiert in die Lichtkugel hinein. So fließt also Licht mit Licht zusammen. Deine Aufmerksamkeit ist jetzt nicht mehr auf diese Lichtkugel als etwas von dir Getrenntes gerichtet, denn das einzige, was es da überhaupt noch gibt, ist diese kleine Lichtsphäre. Deine Aufmerksamkeit und der kleine Lichtball sind also miteinander verschmolzen, und darin bist du einfach, und es wird dann kleiner und kleiner und kleiner … Während es kleiner und kleiner wird, fühlst du dich recht seltsam, denn was geschieht ist so radikal anders. Es unterscheidet sich von jeder gewöhnlichen, üblichen Erfahrung. Das ist die Grund-Natur.

Wenn Gedanken erscheinen und wir die Empfindung haben, dass wir den Gedanken denken, dann haben der Denkende und der Gedanke denselben Grund. Wenn wir entspannen, ist unser Gewahrsein mit dem Grund verschmolzen, so dass wir dessen gewahr sind: »Oh, ich denke und das ist der Gedanke, den ich denke, aber ich bin nicht das Ich, das denkt.« Dies tritt ein in einem Zustand der Klarheit, der frei von Verdinglichung ist. Das bedeutet, es handelt sich dabei um eine unmittelbare Erfahrung, welche durch Worte nicht wirklich vermittelt werden kann; diese Erfahrung ist kein Konstrukt aus Konzepten. Ganz klar ist es nicht so, dass wir aufhören, die Empfindung eines Selbst zu haben. Aber diese Empfindung, ein Selbst zu haben, ist einer der Aspekte von In-Erscheinung-Treten. Du hast nun aber ein Gewahrsein, das mit dem Grund dieses In-Erscheinung-Tretens verschmolzen ist. So können wir am Ende der Meditation aufstehen und umhergehen. Wo aber laufen wir umher und wer ist derjenige, der das Gehen macht?

༢༡

ཨཱཿ Vers 21

Erkenne den entscheidenden Punkt

ལོག་ན་མེད་དོ་རང་གི་རྟོག༔
རང་སེམས་ཀུན་བཟང་རང་ཞལ་མཇལ༔
མ་རྟོགས་ལོག་རྟོགས་རང་གར་འཁྲུལ༔
འཁྲུལ་རྟོག་གང་ཤར་བདག་ཏུ་བཟུང༔

»Es gibt keinen anderen Weg, als dich selbst zu verstehen. Indem du deinen eigenen Geist als Samantabhadra erkennst, wirst du dein eigenes Gesicht sehen. Wenn es nicht zu dieser direkten Erfahrung kommt, wirst du von falschen Gedanken verwirrt sein und dich mit jedwedem verwirrenden Gedanken, der auftaucht, identifizieren.«

Alle *Dharma*-Lehren zielen auf das Erwachen aus Unwissenheit und Ignoranz. Die direkteste Methode hierfür ist, die eigene natürliche Seinsweise unmittelbar zu erfahren. Ganz gleich, ob dies auf einem langsamen oder schnellen Pfad geschieht, dies ist die Natur der Erleuchtung. Und so unterstreicht der Text, dass hierin das Herz der Angelegenheit zu finden ist. Unmittelbar in augenblickliches Gegenwärtigsein einzutreten macht die Erfahrung aus, von *Samanta-*

bhadra, dem uranfänglichen Buddha oder dem unveränderlichen Grund – untrennbar zu sein. Um unser eigenes Gesicht zu sehen, müssen wir mit unseren Bemühungen aufhören, uns selbst als ein Objekt zu betrachten, denn das eigene Gesicht zu sehen bedeutet, zu jener Freiheit zu erwachen, die darin besteht, jenseits von Aneignung zu sein – insbesondere jenseits von Aneignung durch uns selbst.

Wenn wir uns verloren fühlen, dann wird dies nur durch unsere eigenen Gedanken verursacht. Wenn wir den Gedanken vertrauen, verlieren wir den Kontakt mit dem Grund und können dennoch unsere Gedanken nicht anhalten. Entspanne die Identifikation mit den Gedanken und der Raum wird sich wieder auftun.

Die nächste Zeile sagt: »*Wenn es nicht zu dieser direkten Erfahrung kommt, wirst du von falschen Gedanken verwirrt sein und dich mit jedwedem verwirrenden Gedanken, der auftaucht, identifizieren.*« Der eine Grund weist zwei Wege auf: *Nirvana* und *Samsara*. Indem diese denselben Grund haben, sind sie untrennbar. Wenn man aber den einen Pfad nimmt, kann man nicht gleichzeitig den anderen nehmen. Du kannst nicht zum Gewahrsein des Grundes erwacht sein, zur Grundnatur unendlicher Offenheit erwacht sein, und sie zur selben Zeit verschlafen. Der Text betont daher: Es knapp zu verfehlen bedeutet, es ganz zu verfehlen. Wenn du nicht wach bist, nicht präsent bist, dann schläfst du; du bist abwesend, du irrst und missverstehst. Und in diesem Missverstehen wirst du noch mehr Irrtümer und Fehler begehen, weil du dich mit den verschiedenen aufkommenden Gedanken identifizierst und auf alle möglichen, von dir wahrgenommenen Objekte reagierst, so dass es dich, ganz den Umständen ausgeliefert, herumwirft und dreht; du sammelst Konditionierungen und *Karma* an und wendest dich der Dunkelheit zu, während du dir einbildest, dich dem Licht zu nähern. Es ist also vital wichtig, deine Aufmerksamkeit auf den entscheidenden Punkt zu richten, denn das Leben ist kurz und *Samsara* ohne Anfang oder Ende.

༢༢

ཨཱཿ Vers 22

Geschäftig in die Irre gehen

ང་དང་བདག་ཏུ་བཟུང་བྱས་ནས༔
ཕྱི་ནང་བརྟན་གཡོ་ཐམས་ཅད་ཀུན༔
སྣང་ཆ་དངོས་པོར་བདེན་པར་མཐོང༔
སོ་སོར་མིང་བཏགས་མཚན་ཉིད་བགྲངས༔

»Indem man sich auf Begriffe wie ›Ich‹ und ›Mich‹ verlässt, werden alle Erscheinungen, seien sie äußerer Art (in der Welt), innerer Art (in unserem Geist), ruhend (Himmel, Erde) oder beweglich (Flüsse, Wasserfälle), schlicht alles, was erscheint, so wahrgenommen, als ob sie als wirkliche Dinge existierten. Jedes dieser Dinge wird dann benannt und etikettiert und seine Eigenschaften werden aufgezählt.«

Wenn die unmittelbare Präsenz verloren gegangen ist, taucht im selben Augenblick die Unwissenheit des Dualismus auf. Indem Selbst und Anderes zum grundlegenden Modus unserer Erfahrung wird, steuern wir schnell darauf los, alle aufkommenden Erscheinungen als getrennte, autonome Entitäten zu benennen und zu definieren. Ist erst einmal diese zweite Stufe der Unwissenheit wirksam, hat der Geist sehr viele Dinge, um die er sich kümmern kann, und so kann er Leben für Leben geschäftig sein, ohne sich der Erzeugung von *Karma* bewusst zu sein. Was im *Samsara* Klarheit zu sein scheint – das Wissen über Dinge, ihre Einzelheiten und ihre Unterschiede – ist in Wirklichkeit eine weitere Nebelbank vor dem Tor zum Erwachen. Und doch wurde keines dieser ›Dinge‹ jemals geboren; wie Reflexionen in einem Spiegel, wie eine Fata Morgana, sind sie zugleich da und nicht da. Leere Erscheinungen haben keine Macht – es ist der Geist, unser Geist, der sich verirrt, indem er missversteht, wie die Gegebenheiten tatsächlich sind.

༢༣

ཨཱཿ Vers 23

Nur ein Spielball

སྣང་བས་སྣང་བ་ཕྱི་ཡི་ཡུལ༔
དེ་ལ་དཔྱོད་པས་བདག་གིར་བཟུང༔
རྣམ་རྟོག་འགྱུ་འཕྲོ་ཕྲ་རགས་ལས༔
གང་ཤར་གང་དྲན་རྗེས་སུ་འབྲང༔

»Was immer erscheint, wird für die Mannigfaltigkeit verschiedener Objekte gehalten. Diese werden dann bewertet und für wahrhaft existent gehalten. Fortwährend kommt es zu subtilen ebenso wie zu hartnäckigen Gedanken, und wir folgen allem, was immer in Erscheinung tritt und was immer wir erinnern.«

Das Empfinden unserer selbst, unser Empfinden von ›Ich‹ und ›Mich‹, ist schrill und lautstark in seinen Wertungen, seinen Erinnerungen, Vorlieben und Abneigungen. Wenn Erscheinungen wahrgenommen werden, wird davon ausgegangen, dass diese ihren eigenen Wert *per se* in sich tragen. Wenn wir keinen Fisch essen mögen, finden wir, dass ›Fisch fürchterlich ist‹, und die Tatsache, dass andere Leute Fisch gerne essen, beeinflusst unsere empfundene Erfahrung von Ekel keinesfalls. Wir erfahren die negative Qualität so, als ob sie ihren Sitz in dem von uns abgelehnten Objekt selbst hätte. Da wir eine komplexe Welt mit Myriaden von Objekten bewohnen, fällen wir ununterbrochen Urteile. Mit all den diesen Objekten zugeschriebenen Wertigkeiten, die sich mit unseren Stimmungen, unserem Gesundheitszustand, mit unserer Arbeitsbelastung und dergleichen mehr stets ändern können, ist unser Geist ständig sehr geschäftig damit befasst, vergangene Ereignisse durchzugehen, sie zu sichten und zu klären und sich auf das, was sich ereignet hat, einen Reim zu machen. Daraus entwickeln wir Vorurteile, Annahmen, Hoffnungen und Befürchtungen. Wir schauen aber auch in die Zukunft, schmieden Pläne, versuchen unsere Interessen zu wahren, indem wir schauen, wie sich die Dinge entwickeln könnten. Dabei ist es für uns natürlich nicht so klar ersichtlich, dass wir nicht so rational sind, wie wir es annehmen. Wir sehen nicht, dass das, was wir als Wahrnehmung erfahren, weitgehend Projektion und Interpretation ist. Wir sind uns nicht einmal des Hintergrundlärms in unserem Geist, des stetigen Flusses von Gedanken und Fantasien bewusst.

Die meiste Zeit über sind wir mit unseren mentalen Geschehnissen völlig verschmolzen, aber wir erkennen es nicht. In Zuständen von Ablenkung gefangen verlassen wir uns zu unserem Schutz und unserer Sicherheit auf die Autopilot-Funktionen unseres Gehirns, wenn wir beim Gehen, beim Fahren und dergleichen meilenweit weg sind und in Ego-Tagträumen schwelgen. Nur wenn wir versuchen zu meditieren, erkennen wir, wie wenig Kontrolle wir über das haben, was wir ›ich selbst‹ nennen. Ich bin klar und eindeutig nicht der, der mich lenkt. ›Ich‹ bin von Gedanken, Gefühlen und Empfindungen fortgetragen, die ich, und dann nur teilweise, erst nach vollendeteten Tatsachen erkenne, also erst nachdem sie mich dort hinbrachten, wo sie eben hingingen.

Im Dschungel des *Samsara* tritt alles unaufhörlich in Erscheinung, es gibt niemals auch nur das geringste Nachlassen im wechselseitigen Zusammenspiel von Vergangenheit, Gegenwart und Zukunft und im turbulenten Austausch zwischen inneren Gedanken und äußeren Ereignissen. ›Ich‹, ›Mich‹ und ›Meins‹ werden hin-und-her-geworfen wie in Wellen tanzende Korken. Auf der Ebene des ›Ich‹ gibt es daraus keinen Ausgang. Es gibt keinen Weg, wie du dich aus *Samsara* herausdenken könntest. Selbst die Gedanken, dass alles leer ist oder dass alles

Padmasambhava ist oder alles von allem Anfang an rein ist, helfen nicht weiter, denn kein Gedanke kann die Tür zum Erwachen aufschließen. Der Schlüssel ist nicht wie ein Ding geformt; er ist kein Gedanke, kein Gefühl und keine Empfindung. Er ist nichts ›Äußeres‹ oder ›Inneres‹. Der Schlüssel ist deine eigene Natur, so wie du von allem Anfang an gewesen bist: einfach, unbearbeitet, roh, nackt, ungemacht, ungekünstelt und frei von allen gedanklichen Konstrukten.

༢༤

Vers 24

Der Fehler, sich auf Objekte zu konzentrieren

འཁྲུལ་བས་འཁྲུལ་བ་རྩ་གདར་བཅད༔

མེད་པ་ལ་ཡང་ཡོད་པར་བཟུང༔

རྟགས་ཙམ་རྟོགས་ན་ཆེད་དུ་འཛིན༔

དེ་དག་ཉམས་ལེན་མ་ཡིན་ཏེ༔

བསྒོམ་གྱི་གནད་མཚང་མཐོང་བ་མིན༔

»*Manche versuchen, sich Verwirrung nutzbar zu machen, um die Wurzel der Verwirrung durchzuschneiden. Sie glauben an die Exstenz dessen, was nicht existiert, und denken, dass ein Verstehen der Bedeutung eines Objekts sehr wichtig ist. Dies ist aber nicht der rechte Weg zu praktizieren, dies ist der Weg, die Fehler in deiner eigenen Meditation nicht zu erkennen.*«

HIER WIRD ES ETWAS TECHNISCH. Wenn manche versuchen, sich Verwirrung nutzbar zu machen, um Verwirrung zu beenden, dann benutzen sie Methoden des *Samsara*, um aus *Samsara* herauszukommen. Der Denkende und der Gedanke werden zusammen geboren; es ist unmöglich, sich von der Macht der Gedanken zu befreien, indem man über das Denken nachdenkt – was ja erfordert, dass man sich auf Gedanken stützt. Das ist so, als wollte man seinen Durst mit salzigem Wasser löschen. Vielleicht erreicht man für einen Augenblick eine Erleichterung, aber allzu bald wird das Salz deinen Durst nur noch verschlimmern. Die Antwort liegt nicht in den Früchten der Verwirrung, daher wende dich dem Geist zu und nicht den Objekten, die im oder für den Geist in Erscheinung treten. Richtet man sich darauf aus, Objekte zu befreien, so wird man, da Objekte endlos sind, endlose Arbeit zu leisten haben, um sicherzustellen, dass man sie befreit. Wenn du aber deine Aufmerksamkeit ganz auf deine eigene Bewusstheit richtest, dann werden sich – indem wir bei der Praxis bleiben, indem wir ganz nah dranbleiben an dem, der das Wissen oder das Denken oder das Träumen oder was immer es ist tut – alle Objekte ganz unwillkürlich von alleine befreien, und die Linie der Kontinuität der Bewusstheit wird niemals abrechen.

Wenn wir die unmittelbare Verbindung zur Bewusstheit verlieren, verwickeln wir uns in viele Gedanken und Gefühle, und diese sind endlos. Sie scheinen aus allen Richtungen zu kommen, sie kommen uns entgegen, über uns, hinter uns und aus uns heraus. Was also klarerweise in unserer Meditation und in unserem gewöhnlichen Leben passieren wird, ist, dass wir unseren Sinn für Bewusstheit verlieren und uns in den vielen, vielen Dingen unserer gewöhnlichen Existenz verirren werden. Wenn wir dann versuchen all die Objekte, die auftauchen, auszusortieren, werden wir sehr, sehr viel zu tun haben. Ein kleines Kind, das seine Mutter in einem großen Kaufhaus verloren hat, wird verängstigt zu jedem Menschen laufen und »Mama, Mama, Mama …« rufen, und immer aufgeregter und verwirrter werden, während seine Energie am Hochkochen ist. Das Kind hat in seiner Furcht die Zuversicht in die Fähigkeit der Mutter, es wiederzufinden, verloren. Doch in dieser *Nyingma*-Praxis haben wir großen Glauben an die Mutter, an die Natur unseres eigenen Geistes, und wenn wir unsere Bewusstheit verlieren, brauchen wir nichts anderes zu tun als sehr ruhig zu sein, und der Faden der Bewusstheit wird wieder auftauchen und uns finden – ohne jede Notwendigkeit für hysterische Aktivitäten.

Wenn du deprimiert bist, selbst wenn du dich in Selbstmordstimmung befindest, brauchst du nicht zu einem Psychiater zu gehen, du brauchst keine Probleme zu sichten und aus der Welt zu schaffen, du musst nur deine Aufmerksamkeit auf den ausrichten, der in diesem Zustand ist. Wenn du sehr furchtsam bist, Panikattacken hast und denkst, du würdest auf der Straße zusammenbrechen, auch dann brauchst du nicht zu einem Psychologen zu gehen. Alles, was du zu tun hast ist: Bleib ganz bei dem, der die Angst spürt. Gib dich selbst unter keinen Umständen und zu keiner Zeit auf.

Die Schlüsselunterweisung ist, den Objekten nicht nachzujagen. Entspanne! Entspanne Dich in die Ausatmung hinein. Tu dies wieder und wieder. Gedanken, Objekte und Impulse werden auftauchen und vergehen. Scheint es, als würden sie bleiben, dich beherrschen und kontrollieren, dann gehe in noch tiefere Entspannung. Gehe mit dem Objekt nicht mit, mache es auch nicht zu einem Kampf, dem Objekt zu widerstehen. Entspanne dich einfach und kehre zur unmittelbaren Erfahrung augenblicklichen Gegenwärtigseins zurück, einer Präsenz, die immer da ist und weder hervorgebracht noch entwickelt zu werden braucht.

Das ist natürlich schwierig. Wo wir doch so süchtig nach Objekten sind – wir brauchen Kaffee, um uns aufzumuntern, Alkohol, um uns zu beruhigen, Besitz, um uns den Rücken zu stärken, usw. –, bringt es tiefe Verunsicherung mit sich, die Gewohnheit loszulassen, sich auf Objekte zu stützen, und sich auf die ungeborene Bewusstheit zu konzentrieren. Dies zu tun ist aber die Grundlage der Befreiung. Wenn wir aufgrund des machtvollen Einflusses von Ursachen und Bedingungen nicht fähig sind, dies zu tun, dann müssen wir geeignete Gegenmittel unterschiedlicher Herkunft anwenden: Gegenmittel, die vom *Dharma*, von den Banken, von Psychiatern, von Supermärkten usw. kommen. Es ist albern, sich vorzustellen, man sei im Zustand von *Dzogchen*, wenn man lediglich verwirrt ist. Für Yogis aber ist es wichtig, Glauben und Vertrauen in die Lehren und die Praxis zu bewahren und nicht unter den Einfluss der sofortigen Bedürfnisbefriedigung durch Objekte zu fallen. Bewusstsein und Bewusstheit sind nicht dasselbe. Praktiziere in guten Zeiten, während du glücklich bist, so dass du, wenn Tränen kommen, aus eigener Erfahrung weißt, dass Bewusstheit und nicht auf Objekte gerichtetes Bewusstsein die wirkliche Zuflucht ist.

Im Prinzip gibt es keinen Grund dafür, warum diese Meditation jemals enden sollte, da der natürliche Zustand immer da ist, mühelos. Unser Gewahrsein davon endet nur, wenn wir anfangen, uns anzustrengen. Höre also auf, dich anzustrengen, entspanne dich, vertraue, und Bewusstheit wird mühelos präsent sein.

༢༥

Vers 25

Die Große Vollendung

དོན་ལ་རྣམ་རྟོག་ཤར་བ་མ་བཅོས་གློད༔
གང་ཤར་ངོ་བོ་བསྐྱང་བའི་སེམས་ཉིད་འདི༔
མ་འོངས་སྔོན་བསུ་འདས་པའི་རྗེས་མི་གཅོད༔
ད་ལྟའི་ཤེས་པ་ཀ་དག་སོ་མའི་ངང༔

»Wenn Gedanken über die unwandelbare Natur aufsteigen, bleibe entspannt, ohne irgendetwas Künstliches zu tun. Der Geist selbst verweilt in seiner eigenen Natur, ganz gleich, was erscheint. Blicke nicht erwartungsvoll dem entgegen, was da kommen könnte, noch trachte danach, dem zu folgen, was bereits vergangen ist. Verweile in dem ewig-frischen Zustand der uranfänglich reinen gegenwärtigen Bewusstheit.«

»WENN GEDANKEN ÜBER DIE UNWANDELBARE NATUR *aufsteigen, bleibe entspannt, ohne irgendetwas Künstliches zu tun.«* Gedanken über die unwandelbare Natur bedeuten hier beliebige gewöhnliche dualistische Gedanken, die in uns aufkommen könnten. Es bedeutet nicht, dass wir insbesondere denken: »Oh, ich bin jetzt ein Buddhist, nun bin ich ein Meditierender. Welche Gedanken habe ich über meine eigene Natur?« Gedanken, die aufkommen, sind immer mit der unwandelbaren Natur verbunden. Sie haben keine andere Quelle. *Dharma*-Gedanken mögen heilig sein, aber sie sind heilige Gedanken, und Gedanken sind nicht allzu gut, wenn man sich zu sehr auf sie verlässt. *Dharma*-Gedanken können dich genauso stark binden und festhalten wie es weltliche Gedanken zu tun vermögen. Denn die gefangennehmende Wirkung des Denkens ist keine Eigenschaft des Inhaltes des Denkens, also dessen, was sich tatsächlich manifestiert, sie ist eine Eigenschaft der tiefer zugrunde liegenden Struktur unserer gewöhnlichen Erfahrung von Gedanken. Du musst daher mit den Gedanken auf gleiche Weise verfahren, ob du nun heilige Gedanken hast, die dich in den Himmel erheben, oder schreckliche Gedanken, die dich in die Hölle befördern. Und diese Weise besteht darin, entspannt zu bleiben, ohne irgendetwas Künstliches zu tun.

»*Der Geist selbst verweilt in seiner eigenen Natur, ganz gleich, was erscheint.*« Wenn wir sehen können, dass der Geist in seinem eigenen Zustand verweilt, was auch immer erscheint, dann wird es, ganz gleich, was erscheinen wird, keine Störung dieses natürlichen Zustandes geben. Wie es Rigdzin Godem in dem Gebet »Ermutigung durch Vergänglichkeit« (*Mi rTag rGyud bsKul*) ausdrückt: »Der Geist wird nicht durch gute Gedanken erschaffen und nicht durch schlechte Gedanken zerstört.« Buddhaschaft, Erleuchtung, wird nicht durch eine Menge guter Gedanken geschaffen, noch wird sie durch eine Menge schlechter Gedanken verloren. Dieser Pfad wird *Dzogpa Chenpo* (*rDzogs Pa Chen Po*) genannt, und das bedeutet ›Große Vollendung‹ oder ›vollkommen voll‹. Dies drückt aus, dass der Zustand der Präsenz durch nichts verbessert zu werden braucht. Daher können wir unsere gewohnten Absichten loslassen, die Situationen, die unsere gute Lage zerstören würden, vermeiden, und zusätzliche Gedanken, Gefühle und Situationen, die unsere gute Lage verbessern sollen, hinzufügen zu wollen. Unser gewöhnliches Selbst, unser Ego-Selbst, ist lediglich ein Punkt, der aus der Natur unseres Geistes aufsteigt. Es ist nicht die Natur des Geistes selbst. Das Ego braucht Kleider, während die Bewusstheit, dieses natürliche Gewahrsein, vollkommen nackt ist.

»*Blicke nicht erwartungsvoll dem entgegen, was da kommen könnte, noch trachte danach, dem zu folgen, was bereits vergangen ist.*

Verweile in dem ewig-frischen Zustand der uranfänglich reinen gegenwärtigen Bewusstheit.« Zunächst versuchen wir dies zu tun, während wir auf unserem Meditationskissen sitzen, um unsere Klarheit zu entwickeln. Das Ziel ist aber, diese Sichtweise in die gewöhnlichen Aktivitäten in der Welt hinein zu tragen. Indem wir Ablenkungen in Richtung Vergangenheit oder Zukunft vermeiden, bleiben wir bei einer phänomenologischen – auf das, was erscheint, ausgerichteten – Aufmerksamkeit, präsent mit allem, was in Erscheinung tritt. Dies lässt eine Fähigkeit zu, auf das Leben, so wie es sich entfaltet, anzusprechen und präzise zu antworten. Statt karmische Impulse und gewohnheitsmäßige Reaktionsmuster auszuagieren, ist diese feine Fähigkeit zu antworten ganz frisch und tritt gleichzeitig mit dem Feld der Erfahrung zutage. Diese Spontaneität ist es, was mit *Lhundrub* (*Lhun Grub*) gemeint ist: ›müheloses In-Erscheinung-Treten‹ oder ›wundersames Geschehen‹. Durch Vertrauen darauf, dass Offenheit für jeden Augenblick eine spontane Antwort findet, gibt es immer weniger Anspannung, die das ängstliche Durchleuchten der Zukunft durch das Ego und seine starre, abwehrende Anwendung alter Annahmen füttern würde.

Hier in diesem Zentrum zum Beispiel, wenn wir uns zum Essen anstellen, wird das Essen in großen Töpfen ausgegeben, und wir nehmen uns daraus etwas auf unseren Teller. Wir selbst treffen die Entscheidung, wieviel wir auf unseren Teller tun. Wenn wir nicht verhungern wollen, müssen wir etwas essen. Irgendwie muss Essen auf unseren Teller kommen. Wie kannst du die Stimmung der Meditation in den einfachen Vorgang, Essen auf den Teller zu tun, hineintragen? Der leichteste Weg ist, einfach im eigenen Körper zu leben, denn dann weißt du, wie groß dein Hunger ist. Dein Hunger wird dir sagen, wieviel Essen du auf deinen Teller geben sollst. Und genau so können wir es jederzeit und in jeder Situation tun. Je mehr wir über eine tatsächlich mit dem Feld der Erscheinungen verbundene Aufmerksamkeit verfügen, desto feiner werden unsere Reaktionen eingestimmt sein. Befinden wir uns aber nicht in unserem Körper, werden wir unsere Nahrung nicht aufgrund unseres empfundenen Bedürfnisses auswählen, sondern aufgrund von Gedanken und Gefühlen: Wir haben vielleicht ein Bild eines Idealgewichtes und in unserem Bestreben, dieser Idealvorstellung, die etwas anderes repräsentiert, zu entsprechen, könnten wir magersüchtig werden. Oder wir könnten essen, um ein emotionales Bedürfnis zu stillen, eine Sehnsucht nach Liebe oder eine tiefe Angst, und dann werden wir ess-brechsüchtig.

Wenn wir die vier elementaren Aktivitäten – Gehen, Sitzen, Essen und Schlafen – mit einem schlichten Maß an grundlegender Bewusstheit ausführen, dann ist alles einfach. Wenn du gehst, fällst du nicht hin. Wenn du sitzt, so zappelst du nicht herum. Wenn du isst, dann hungerst du nicht und stopfst dich nicht voll. Wenn du schläfst, dann schläfst du, und ein gewisses Gewahrsein begleitet deinen Schlaf. Zwischen Geburt und Tod werden keine so großen Anforderungen an uns gestellt. Wir selbst stellen viele Anforderungen an uns, die wir gemäß unseren eigenen Konzepten, entsprechend unserem eigenen Denken konstruieren: »Ich sollte so und so aussehen,« oder »Ich sollte so und so sein,« oder »Ich sollte diesen Leuten gefallen.« Wir begeben uns in viele, viele zusätzliche Aktivitäten, die alle Karma schaffen.

༢༦

Vers 26 ཨཱཿ

Im natürlichen Zustand verweilen

བར་སྣང་རླུང་དང་རི་གཟར་འབབ་ཆུ་བཞིན༔
འཁྲུལ་བའི་རྣམ་རྟོག་བཀག་པས་མི་ཐུབ་ཅིང༔
ཅི་ཤར་གང་ཤར་རིག་སྟོང་ངོ་བོ་སྐྱོངས༔

»Der Fluss verwirrender Gedanken kann genauso
wenig angehalten werden wie der Wind
oder der Wasserfall in den Bergen.
Bewahre daher gegenüber allem, was in Erscheinung
tritt, den natürlichen Zustand offener Bewusstheit.«

»DER FLUSS VERWIRRENDER GEDANKEN *kann genauso wenig angehalten werden wie der Wind oder der Wasserfall in den Bergen.«* Einer der großen Fehler, der in der Meditation gemacht werden kann, ist, die Bedeutung von Stille und Geistesruhe falsch zu verstehen. Wenn Stille als Abwesenheit von Gedanken aufgefasst wird, dann wird man in einem Zustand verweilen, in welchem nichts vor sich geht: Ein zur Ruhe Kommen der Erscheinungen. Das stellt den höchsten Zustand im *Samsara* dar, die am meisten verfeinerte formlose Meditation – aber es hat immer noch an *Samsara* Anteil, und wenn die

Ursachen, die diese Situation hervorgebracht haben, erschöpft sind, wird der Yogi wieder mit Gedanken und Erfahrungen konfrontiert und er wird ein böses Erwachen bezüglich seiner Begrenzungen erleben. Gedanken sind nicht der Feind, die Objekte sind nicht der Feind. Das Problem liegt nicht in den Erscheinungen *per se*, sondern an unserer Anhaftung an ihnen als wirkliche, separate Entitäten. Der Geist hat zwei Aspekte, Stille und Bewegung, und keiner ist besser als der andere; in beiden braucht es Präsenz. Das ständige Sich-Ereignen und In-Erscheinung-Treten, Gedanken, Gefühle und Empfindungen können nicht angehalten werden. Kontrolle ist eine irreführende Phantasie. Wieder geht dies ganz gegen den Instinkt des Ego. Damit es das Empfinden seiner eigenen großen Wichtigkeit überleben kann und es die Botschaften, die es Zuhause, in der Schule und im Leben gelernt hat, aufrechterhalten kann, fühlt das Ego, fühlen unsere Egos das starke Bedürfnis, zu kontrollieren, was vor sich geht. Die Vorstellung, das Unkontrollierbare sei kontrollierbar, ist ein zentraler Irrtum, ein entscheidender Punkt, an dem wir auf Abwege geraten.

Die Aufgabe ist, die Präsenz des Gewahrseins aufrechtzuerhalten und in einer Offenheit zu verweilen, die alles, was in Erscheinung tritt, willkommen heißt und diesem frei von Hoffnungen oder Befürchtungen begegnet. Denn – aus der Sicht von *Dzogchen* – ist nicht das von besonderem Interesse, was erscheint, sondern wie es befreit wird. Ohne uns an etwas zu klammern, ohne nach etwas zu greifen, ohne zurückzugehen und zu versuchen, schlechte Dinge aus der Vergangenheit in Ordnung zu bringen, ohne vorauszugreifen und zu versuchen, die Welt zu kontrollieren, bleiben wir einfach entspannt und offen und lassen jeden Moment frei geschehen, ohne festzuhalten, so dass für den nächsten Augenblick wieder frischer Raum da ist. Wenn du wieder dein gewöhnliches Alltagsleben führst, wird Beschränkung ein Teil davon sein. Wenn du einen Job hast und du pünktlich zur Arbeit erscheinen mußt, dann sind die Uhr, nach der wir uns richten, und der Terminkalender, nach dem wir leben, nicht unsere Feinde. Die Uhr ist kein Angriff auf die Freiheit – sie ist einfach etwas, das in Erscheinung tritt. Wenn du mit jemandem zusammenlebst oder wenn du mit jemandem Kinder zeugst, dann ergeben sich daraus Pflichten und Verantwortlichkeiten, denen du nachkommen solltest. Diese Pflichten sind nicht der Feind von *Dzogchen*.

Der Text sagt: »*Bewahre daher gegenüber allem, was erscheint, den natürlichen Zustand offener Bewusstheit.*« Das bedeutet, dass wir einen sehr großen Magen entwickeln müssen, damit wir unser Leben insgesamt verdauen können. Wir wollen nicht wie heikle, wählerische Esser sein, die sich einige Dinge vom Teller nehmen und andere darauf liegen zu lassen versuchen. Natürlich müssen wir wahlweise Entscheidungen treffen. Aber jener, der die Wahl trifft, ist eine Erscheinung, die unmittelbar antwortet und reagiert, und deren Natur Bewusstheit ist. Wenn es aber das Ego ist, welches unsere Subjektivität kontrolliert, dann wird die von uns getroffene Wahl defensiv und unseren Tendenzen gegenüber nachgiebig sein. Wird aber die Subjektivität in die offene Bewusstheit integriert, dann werden Wahl und Entscheidungen von Leichtigkeit gekennzeichnet sein, und sie werden nicht mit dem falschen Glauben befrachtet sein, dass die Antwort im Objekt liegt. Und so leben wir mit offenen Augen und offenen Ohren und offenem Herzen und akzeptieren die augenblickliche Gestalt und Verfassung unseres Lebens. Tun wir das, dann wird sich die gewöhnliche Situation selbst als die natürliche Ausstrahlung des Geistes enthüllen.

༢༧

ཨཱཿ Vers 27

Verwirrung löst sich selbst auf

འཁྲུལ་བ་མེད་པར་རང་ས་ཟིན་པའི་ཚེ༔

དཔེར་ན་ཆུ་བོའི་ཆུ་རླབ་རྒྱ་མཚོའི་ཀློང༔

རང་སར་ཞིག་བཞིན་བློ་ཡིས་མ་བཅོས་པར༔

»Wenn man frei von Verwirrung an seinem eigenen Ort zu verweilen vermag, dann ist es, als ob ein Fluss in den Ozean zurückfließen würde. Gedanken werden an ihrem eigenen Ort weniger und weniger, und so braucht man nicht nach schlauen Lösungen Ausschau zu halten.«

WENN WIR EINEN KÖRPER BESITZEN, wird es mit diesem Körper immer Probleme geben. Wenn wir eine Beziehung eingehen, dann wird es immer Beziehungsprobleme geben. Wenn du nur irgendetwas in deinem Leben zu tun versuchst, so wird es immer einige Schwierigkeiten geben. So stehen die Dinge. Wir sollten also nicht überrascht sein, dass es so ist. Der Text sagt: »*Gedanken werden an ihrem eigenen Ort weniger und weniger, und so braucht man nicht nach schlauen Lösungen Ausschau zu halten.*« Alle *Lamas*, die ich jemals getroffen habe, hatten irgendwelche Probleme in ihrem Leben. Sie hatten Beziehungsprobleme, sie hatten Probleme mit ihren Schülern, auch Probleme mit ihren eigenen Kindern. Die entscheidende Frage ist, wie sie mit diesen Problemen leben können. Sie leugnen nicht, dass es diese Probleme gibt, aber sie machen auch aus ihnen keine große Sache, weil Probleme ganz normal sind. Wir sollten nicht überrascht sein, Probleme zu haben.

Die eine und einzige Lösung für alle Probleme ist, am eigenen Ort zu verweilen und darauf zu vertrauen, dass alles, was in Erscheinung tritt, vorübergehender Natur ist. Alle Manifestation ist unbeständig und vergänglich. Es sind die Anhaftung, das Begehren und die Ungeduld, die uns veranlassen, nach speziellen Lösungen zu suchen, Antworten, die uns gestatten würden, das Leben zu unseren Bedingungen zu leben. Doch bringen diese kurzfristigen Lösungen keine wirkliche Freiheit, denn sie verstricken uns immer tiefer und tiefer in eine verdinglichte Dualität. Alle Manifestationen, seien sie ›gut‹ oder ›schlecht‹, tauchen aus der offenen Grundnatur auf und kehren in sie zurück.

Unser gewöhnliches Empfinden ist, dass Gedanken irgendwohin führen. Selbst wenn wir eine besonders unproduktive Form des Denkens pflegen, wie etwa gewohnheitsmäßige Sorgen, glauben wir normalerweise, dass wir, indem wir dieselbe Angelegenheit immer wieder durchkauen, zu irgendeiner neuen Einsicht gelangen würden. Nun, wenn wir uns, statt dem scheinbar so faszinierenden Inhalt zu folgen, mit der Art und Weise des Denkens selbst befassen, können wir sehen, dass wir deshalb über etwas aufs Neue nachdenken müssen, weil der erste Gedanke, den wir darüber hatten, bereits gegangen ist, und jetzt auch der nächste, usw. Wiederholte Gedanken erhalten das Objekt bzw. das Bild für uns so am Leben, als ob es aus sich selbst heraus existierte, anstatt als Nebenprodukt des Gedankenstromes erkennbar zu werden. Jeder Gedanke muss durch den nächsten ersetzt werden, weil sie, einer nach dem anderen, verschwinden. Sie sind ganz und gar vergänglich – ohne die geringste Anstrengung unsererseits verschwinden sie ganz von selbst. Dies ist die Selbstbefreiung des Denkens – und durch sinngemäße Erweiterung des gleichen Prinzips können wir die Selbstbefreiung aller Ideen, überhaupt jeglicher Erscheinung, erfahren. Recycling von Ideen, Wiederholungszwang, Re-Inszenierung, Übertragung[18] – dies alles und vieles mehr ist die Arbeit des Ego, durch welche es die Illusion einer fortgesetzten Existenz von etwas, das bloß im Augenblick auftaucht, erschafft.

Die gelebte Erfahrung davon, und insbesondere die gelebte Erfahrung der unbeständigen und vergänglichen Natur all dessen, was in Erscheinung tritt, aus der wir das Empfinden unseres Selbst konstruieren, erlaubt loszulassen, so dass Bewegung aufkommen und vorbeigehen kann, wobei sich die Ruhe offenbart, die sich niemals wandelt. Die Ruhe bzw. Stille ist die Grundnatur des Geistes, ungreifbar, kein Objekt oder Ding, makellos. Durch keinerlei Erscheinung entstellt ist sie entspannt und offen, und ohne jede Abwehr heißt sie alle Erscheinungen willkommen, so wie sie kommen und gehen.

༢༨

Vers 28

ཨཱཿ

Immer schon gegenwärtig

གཞི་མེད་རྩ་བྲལ་གནས་ལུགས་ངོ་བོས་སྟོང༔

གསལ་སྟོང་ཟུང་འཇུག་མ་བཅོས་རིག་པའི་གཤིས༔

»Ohne Basis (Unwissenheit), bar jeder Wurzel (Kleshas) ist der natürliche Zustand aus sich selbst heraus leer. Klarheit und Leerheit sind als die ungekünstelte Qualität der Bewusstheit miteinander verschmolzen.«

Dieser Vers zeigt wieder auf, dass der natürliche Zustand keine greifenden, festhaltenden Wurzeln und keine substantielle Basis hat. Er hat keinen festen Grund, keine Eigen-Existenz als eine Entität, und deswegen sind Klarheit bzw. Lichtheit und Leerheit in eben dem Prozess noetischen Seins, in der Präsenz der Bewusstheit verschmolzen.

Nun hat Nuden Dorje dies bereits wohl einige Male ausgedrückt, aber er wiederholt es immer wieder aus unterschiedlichen Blickwinkeln, um diesen entscheidend wichtigen Sachverhalt auch wirklich klarzustellen: Wenn der ›Brennpunkt‹ deiner Aktivität, das Gefühl deiner selbst, auf irgendetwas zu beruhen scheint, sowie du mit der Welt in Beziehung trittst, ist dies ein Zeichen dafür, dass du bereits in die Falle gegangen bist.

Der Zweck dieser Unterweisung ist, dir die Zuversicht und das Vertrauen zu geben, dass der Geist von Beginn an rein ist. Du kannst nicht reinigen, was bereits rein ist, also solltest du keine Zeit in dieser Richtung verschwenden. Das, was immer rein ist, ist jenseits von Verunreinigung, lasse also deine schuldbewussten Ängste fallen, voller Unwissenheit und Sünde zu sein. Praktiziere stattdessen Entspannung in den natürlichen Zustand hinein und erfahre die Selbstbefreiung all dessen, was in Erscheinung tritt! Dann gibt es nichts, was gereinigt werden müsste, und die Manifestationen enthüllen sich als die natürliche Klarheit des Geistes – in allen Details präzise und leer.

༢༩

Vers 29

ཨཱཿ

Lass es in Ruhe

གང་ཤར་ངོ་བོ་བསྐྱང་བར་འཛིན་མེད་གློད༔
གནས་ན་ཡུན་རིང་བསྒོམ་དུ་མ་ཡིན་ཏེ༔
གནས་དང་འགྱུ་དང་དགག་སྒྲུབ་མེད་པར་སྐྱོང༔

»Wenn du dich an die Natur dessen hältst, was gerade erscheint, was immer es sei, dann erfährst du eine Entspannung, die frei von Festhalten ist. Ist dein Geist erst einmal beständig geworden, brauchst du dies nicht mit Meditation aufrechtzuerhalten. Bleibe frei davon, zu fördern oder zu behindern, frei von Stabilität oder Bewegung.«

Die erste Zeile in diesem Vers weist darauf hin, dass die Beachtung der Unbeständigkeit und Vergänglichkeit aller Erscheinungen im Beobachter Entspannung bewirkt. Je mehr du erkennst, dass du nichts tun musst, desto mehr findest du dich entspannt wieder. Das führt zur zweiten Zeile: Mit Entspannung geht eine Zentrierung in der Offenheit einher, ein Gefühl von reichlich vorhandenem Raum, eine unerschütterliche Empfindung von Präsenz, gänzlich ungestört durch Veränderungen im Fluss der Erscheinungen; daher sind angestrengte Formen der Meditation nicht erforderlich. Die dritte Zeile sagt also, lass dich nicht ein mit dem Fluss der Erfahrungen – sich selbst kontrollieren, anderes und andere kontrollieren, all diese Methoden führen nur zu Verwirrung.

Garab Dorje beschrieb die Grundlagen des *Dzogchen* in seinen berühmten drei Aussagen:

Direktes Erkennen der eigenen Natur.
Nicht in Zweifel verfallen.
In vollem Vertrauen fortfahren.

Jede Aussage bietet eine Orientierung für Meditation. Um es in einem einfachen Bild zu schildern: Stelle dir vor, du hättest ein Fahrrad und wolltest damit fahren lernen. Wenn du zum ersten Mal aufsteigst, dient deine Bewegungen dazu, zu verhindern, dass du umfällst, doch sind sie meistens hektisch, und es braucht eine Weile, bis du erkennst, wie du das Gleichgewicht halten kannst. Wenn du schon gelernt hast, Fahrrad zu fahren, musst du immer noch mit dem Körpergewicht, dem Pedaldruck und mit der Lenkung subtile Anpassungen vornehmen, damit du und das Fahrrad aufrecht bleiben, und dies entspricht der Arbeit zu lernen, wie man zum Gleichgewicht zurückkehrt. So beginnst du darauf zu vertrauen, dass du das Gleichgewicht wahren kannst, und du kannst Zweifel und ängstliche Anspannung aufgeben, die dich zum Schwanken bringen. Dann entwickelst du die Zuversicht, auch im schweren Verkehr oder auf holprigen Landwegen das Gleichgewicht halten zu können.

Wenn wir also das erste Mal versuchen, auf das Fahrrad zu steigen, oder die direkte Erfahrung des Geistes zu machen, dann tun wir uns schwer damit, weil wir den Gleichgewichtspunkt, den Ansatzpunkt für Entspannung nicht finden können. Das Fahrrad fällt immer wieder um und wir sagen: »Warum bleibt es nicht stehen?« Und wir steigen wieder auf, sind aber nicht im Gleichgewicht und so fallen wir wieder um. Wir beginnen die Meditation bereits im Ungleichgewicht – im Ungleichgewicht bezüglich unserer Energie, im Ungleichgewicht bezüglich unserer Annahmen, im Ungleichgewicht bezüglich unserer Motivation – und dies hindert uns, in das Gleichgewichtsgefühl hinein zu entspannen.

Diese Metapher können wir auf die vier Punkte anwenden, die in dem Text erwähnt wurden: Fördern und Behindern, Stabilität und Bewegung. Wenn du versuchst auf das Fahrrad aufzusteigen und dabei eine Seite zu sehr bevorzugst, zu sehr ›förderst‹, wenn du auf einer Seite zu kräftig ins Pedal trittst, dann wird dich das aus dem Gleichgewicht bringen. Und wenn du versuchst, das Wackeln durch den Einsatz der Bremsen in den Griff zu bekommen, dann wird dich dies dem Gleichgewicht nicht näher bringen. Das Gleiche trifft auf Stabilität zu: Wenn du dich bemühst, das Fahrrad stabil zu halten und du sitzt nur ruhig darauf, dann wirst du umfallen. Wenn du aber zu sehr in die Bewegung hineingehst, dann wirst du umherschlingern und deine Haltung verlieren. Wenn du dich daran erinnern kannst, wie du Fahrradfahren oder Schwimmen gelernt hast, dann wirst du dich entsinnen, dass du es eines Tages plötzlich einfach getan hast, und dieser Moment ist untrennbar mit Entspannung verbunden.

Ich halte das für einen sehr wichtigen Punkt, denn wenn du versuchst, die Natur deines Geistes zu erkennen, tust du das anfangs auf sehr geschäftige Weise. Du versuchst etwas zu tun. Wenn du Glück hast, wirst du müde, tust weniger, es entsteht ein bisschen mehr Raum, und dann plötzlich findest du dich. Es geht darum, beim Loslassen nicht so schlaff zu sein, dass du jede Bewusstheit verlierst, aber auch nicht so angespannt, dass du dich dabei zu sehr abmühst. Es gibt keinen magischen Weg. Niemand kann es für dich tun. Aber indem du dich entspannst, dich selbst beobachtest, indem du siehst, auf welche Weise du konditioniert bist und indem du sanft und liebevoll praktizierst, wirst du eines Tages finden, dass du voll drin bist, und da ist es.

༣༠

ཨཱཿ

Vers 30

Die Kette der Gedanken

ཤར་བའི་དུས་ན་གཅིག་གྲོགས་གཅིག་གིས་བྱེད༔
གྲོལ་བའི་དུས་ན་མཉམ་གྲོལ་ཆོས་ཉིད་ཀློང༔
ཆོས་ཀུན་སྙིང་པོ་མཐར་ཐུག་དེ་ཁོ་ན༔

»Im Augenblick ihres Auftauchens stützen sich Gedanken gegenseitig wie eine Kette von Freunden. Im Augenblick ihrer Auflösung lösen sie sich gleichermaßen in der Weite der Offenheit auf. Die letztendliche Natur aller Erscheinungen ist einfach dies.«

WENN SIE AUFTAUCHEN, SAGT DER TEXT, »*… stützen sich die Gedanken gegenseitig wie eine Kette von Freunden.*« In den Dörfern alter Zeiten rannten alle, wenn ein Haus brannte, mit ihren Eimern hin, und die Eimer wurden durch die Reihe weitergereicht. Jemand füllte die Eimer, und jemand schüttete das Wasser auf das brennende Haus, aber alle in der Kette waren beteiligt. Das soll besagen, dass die verknüpfte Aktivität der auftauchenden Gedanken etwas von Absichtlichkeit und Zweck an sich hat. Wenn dann der so äußerst wichtig erscheinende Zweck erfüllt ist, löst sich die Kette auf. »*Im Au-*

genblick ihrer Auflösung lösen sie sich gleichermaßen in der Weite der Offenheit auf.« Ein Gedanke nach dem anderen verschwindet in der Offenheit. Ganz gleich welchen Eindruck und welche Wirkung sie bei ihrem Auftauchen hinterließen, verschwinden sie alle auf die gleiche Weise.

»*Die letztendliche Natur aller Erscheinungen ist einfach dies.*« Ein Gedanke für sich genommen hat keine Bedeutung. Gedanken müssen sich aufeinander stützen, um die Strukturen der Bedeutung zu erschaffen. Das ist der traditionelle buddhistische Gedanke der Entstehung in wechselseitiger Abhängigkeit. Wenn wir in der Meditation herausfinden, dass ein Gedanke zum nächsten führt, sollten wir nicht überrascht sein. Das ist, was Gedanken eben tun. Sie haben eine automatische Tendenz, gemeinsam eine Struktur der Bedeutung aufzubauen. Doch sind sie allesamt bar jeder innewohnenden Wirklichkeit, und so sind auch die Strukturen, die sie aufbauen, bar jeder innewohnenden Wirklichkeit. Genau das erfahren wir, wenn wir den Laut ›*Phät*‹ einsetzen. Wir benutzen das ›*Phät*‹, um die Kette der Gedanken zu unterbrechen, so dass eine Lücke entsteht. Nun, nachdem wir das ›*Phät*‹ ausgestoßen haben, kommen die Gedanken wieder. Aber stelle dir einmal vor, sie würden nicht wieder kommen: Was würdest du tun?

Gedanken sind nicht das Problem. Es ist unser Festhalten-wollen, unsere investierende Beziehung zu Gedanken, die das Problem schaffen. Gedanken sind einfach ein Modus der Manifestation der natürlichen Energie des Geistes. In einem traditionellen Beispiel wird der *Dharmakaya* mit der Sonne verglichen, der *Samboghakaya* mit der Ausstrahlung der Sonne und der *Nirmanakaya* mit einem Sonnenstrahl, der Hitze und Licht mit sich führt.

Entscheidend ist zu erkennen, dass alles, was wir erfahren können, einfach die natürliche Strahlkraft des Geistes sind. Selbst wenn wir solche Gedanken hegen wie: »Ich bin ein schrecklicher Mensch, ich bin unfähig zu lieben, ich bin nicht liebenswert …,« dann sind auch solche Gedanken Ausdruck der natürlichen Strahlkraft des Geistes, und wenn wir denken: »Ich bin ein wunderbarer Mensch und mir stehen sehr viel Liebe, Respekt und auch Geld von Seiten aller andern zu …,« dann ist auch dieses Denken Ausdruck derselben natürlichen Strahlkraft des Geistes. Das ist sehr, sehr wichtig, denn wenn du denkst, dass manche Gedanken gut und andere schlecht sind, dann verdammst du dich zu einer Ewigkeit im *Samsara*. Gedanken sind in sich selbst weder gut noch schlecht; es ist die Wertzuweisung des Ego, welche die – scheinbar innewohnenden – Unterschiede erschafft. In relativer Wahrheit existiert natürlich Gut und Schlecht, aber es existiert eben nur relativ. Ohne Schlecht können wir auch Gut nicht haben. Beides ergänzt sich gegenseitig. Diese Unterscheidungen besitzen keine absolute Wahrheit, aber wenn wir mit Menschen zusammen sind, ist es besser, freundlich und hilfsbereit und rücksichtsvoll zu sein statt selbstsüchtig und gierig.

༣༡

Vers 31

Illusion und Ethik

ཚོགས་དྲུག་སྣང་བ་བསླུ་བས་རྗེས་མ་འབྲང༔
སྤྱོད་ལམ་རྣམས་དང་ཉིད་མཚན་འཁོར་ཡུག་ཏུ༔
བྱ་བྱེད་འཁྲུལ་བ་རྨི་ལམ་སྒྱུ་མ་བཞིན༔

*»Gehe nicht den trügerischen Erscheinungen nach,
welche durch die sechs Sinne erscheinen.
Ob bei Tag oder bei Nacht, ganz gleich, welchen Aktivitäten
du nachgehst: Die Vorstellung von einem Handelnden und
von einer Handlung ist nichts als verwirrende Täuschung,
wie ein Traum oder ein magisches Kunststück.«*

Viele verschiedene Arten von Erscheinungen gelangen durch die sechs Sinne zu uns. Es gibt die Bewusstseinsarten, die mit den fünf Sinnesorganen verbunden sind, sowie das mentale Bewusstsein, das die Resultate der Sinneserfahrungen verarbeitet, und von diesen zusammen wird gesagt, dass sie trügerische Erscheinungen manifestieren. Wenn wir im *Tantra* Zuflucht in den *Guru* nehmen, versuchen wir uns so viel wie möglich auf ihn zu stützen, denn da gibt es das Gefühl, dass er nicht betrügt, dass er in direkter Beziehung zu etwas Bedeutungsvollem steht. Die Erscheinungen hingegen, die durch unsere Eigen-Erfahrung aufkommen, sind für gewöhnlich ziemlich täuschend und trügerisch.

Es spielt nicht wirklich eine Rolle, ob Erfahrungen ›wahr‹ oder ›falsch‹ an sich sind; der Hauptgrund dafür, dass diese Erscheinungen als trügerisch bezeichnet werden, liegt darin, dass sie die Möglichkeit verdecken, die Natur unseres Geistes zu erkennen. Wie wir zuvor schon gesehen haben, geht es nicht darum, dass sie etwas anderes wären als unser Geist: Sie sind ja energetische Manifestationen der Natur unseres Geistes. Weil wir sie jedoch als etwas von uns wahrhaft Getrenntes ansehen, täuschen sie uns. Manche von euch kennen vielleicht die Malerei von René Magritte. Es gibt von ihm ein sehr einfaches Bild, auf dem eine Pfeife zu sehen ist und die Aufschrift: »Dies ist keine Pfeife.« Die Phänomene, die in unserem Geist aufscheinen, besitzen keine wahre Existenz. In Wirklichkeit ist es also umgekehrt: Anstatt hier eine Pfeife und die Aussage »Dies ist keine Pfeife« zu haben, ist da tatsächlich keine Pfeife, aber die Aussage »Dies ist eine Pfeife«, oder »Dies ist mein Leben« oder »Dies sind meine Füße« oder »Das ist meine Uhr.« Es ist so, als würden wir auf unser Abbild im Spiegel zeigen und sagen: »Das bin ich« – aber es handelt sich nur um eine Spiegelung in einem leeren Spiegel. Wichtig ist also, dass die trügerische Natur dieser Erscheinungen den Erscheinungen selbst nicht innewohnt. Die Täuschung entsteht aus unserer Beziehung zu ihnen. Denn, um es nochmals zu sagen, wären sie wahrhaft trügerisch, dann müssten wir sie für immer meiden, um in Sicherheit zu sein, und der Versuch eines solchen

»Das ist kein *Buddha*«
Hommage an René Magritte

Verhaltens würde auf eine Spaltung zwischen *Samsara* und *Nirvana* hinauslaufen.

»*Ob bei Tag oder bei Nacht, ganz gleich, welchen Aktivitäten du nachgehst: Die Vorstellung von einem Handelnden und von einer Handlung ist nichts als verwirrende Täuschung, wie ein Traum oder ein magisches Kunststück.*« Das ist sehr interessant, weil es uns zu der problematischsten Dimension des *Dzogchen* bringt, zur Dimension der Ethik. Denn was sind die tatsächlichen Auswirkungen und Folgerungen für das Alltagsleben, wenn wir sagen, dass die Vorstellung von einem Handelnden und von einer Handlung bloß ein verwirrender Begriff, eine Illusion ist?

Auf der einen Ebene ist was immer in Erscheinung tritt eine Illusion. Das heißt, es ist bar jeder innewohnenden Existenz. Auf der anderen Seite, wenn ein Hund kommt und vor die Tür kackt, muss jemand rausgehen und sauber machen, denn auch wenn die Natur von Kacke Illusion ist, wenn sie an deinem Fuß klebt, ist sie eine stinkende Illusion an deinem eigenen werten Fuß. Wie also kannst du die Hundekacke beseitigen, das Geschirr spülen, deinen Kindern bei den Hausaufgaben helfen und ohne Verspätung zur Arbeit erscheinen – wie kannst du das innerhalb der Sichtweise des *Dzogchen* tun? Wenn wir reiche Sponsoren haben oder Eltern, die uns kräftig unterstützen, dann ist Praxis einigermaßen einfach anzugehen. Doch für viele Menschen hier erfordert die Praxis des *Dharma* echte Opfer. Es bedeutet, dass andere von uns nicht die Aufmerksamkeit bekommen, die sie sich wünschen, dass Geld dabei draufgeht, dass es seitens der Welt Druck gibt. Es ist sehr wichtig, die Natur unserer gemeinsamen *karmischen* Erfahrung zu respektieren: Sie ist der Ausdruck jenes Aspekts oder jener Dimension, jetzt, zu dieser Zeit, menschliche Wesen zu sein. Alle unsere Handlungen haben Konsequenzen, und wenn die unmittelbaren Auswirkungen unserer Handlungen von anderen ertragen werden müssen, damit wir den *Dharma* praktizieren können, dann sollten wir uns dessen bewusst sein. Denn auch wenn wir selbst uns darum bemühen mögen, in der Erkenntnis der illusorischen Natur des Handelnden und der Handlung zu leben, so ist die Art und Weise, wie wir in der Welt sind, für andere Menschen dennoch sichtbar. Sie aber teilen mit uns diese Auffassung nicht, dass es sich um eine Illusion handelt. Hier gibt es also eine gewisse Spannung zwischen Weisheit und Mitgefühl. Wir könnten Mitgefühl als das Ernstnehmen der Gedanken und Gefühle anderer Leute sehen, oder – von einem ›höheren‹ Standpunkt aus gesehen – als die Realisation, dass sie in der Falle ihrer begrenzenden Annahmen gefangen sind, und dass wir daher in einer Weise handeln sollten, die diese Annahmen nicht bestätigt und bestärkt.

In Tibet gab es Mönche und Nonnen, Laien und Yogis, und jede Gruppe hatte ihre eigenen, unterschiedlichen Weisen, den *Dharma* zu praktizieren. Alle diese verschiedenen Stile von *Dharma*-Praxis folgten besonderen kulturellen Traditionen und manifestierten sich gemäß bestimmter klarer Prinzipien. Mönche und Nonnen haben zum Beispiel Gelübde, Gelübde der Armut und der Keuschheit, und diese sollten immer geachtet werden. In unserer modernen Zeit ist es sehr schwierig geworden, irgendeine Art von Gelübden aufrechtzuerhalten, und wenn wir andere unter Druck setzen, ihre Gelübde zu brechen, dann ist dies im Allgemeinen nicht hilfreich. Bloß ein einziges Lächeln könnte reichen, um jemanden dazu zu bringen, zehn oder fünfzehn Jahre lang gehaltene Gelübde zu brechen.

Ein anderer *Dharma*-Stil ist derjenige von Menschen, die beschließen, das Leben eines Yogi zu führen. Dies bringt sehr mächtige Verpflichtungen mit sich, denn die Initiation ernstzunehmen bedeutet, in den geheiligten Raum des *Mandala* einzutreten. Das bedeutet, dass das Gefühl dafür, dass die Welt ein heiliger Ort ist, zu jeder Zeit aufrechterhalten werden muss. Was wiederum bedeutet, anderen Leuten nicht zu schaden, sie nicht auszunutzen und sich nicht genusssüchtig gehen zu lassen. Wenn du diesen Pfad wählst, dann musst du lernen, was *tantrische* Gelübde wirklich sind, und sie dann auch einhalten. Du könntest sonst das Gefühl haben, dass du ohne Ende einfach alles, was immer du tust oder was immer du willst, als rein und heilig definieren kannst, aber derjenige, der dies macht, ist höchstwahrscheinlich dein Ego.

Alles menschliche Lernen findet in einer Linie statt. Unsere Eltern geben an uns weiter, was sie gelernt haben, so auch unsere Schullehrer. Freunde auf dem Spielplatz tun desgleichen. Der Freund, der uns die erste Zigarette gibt und uns zeigt, wie man raucht, ist auch Teil einer Linie, einer Übertragung. Aus Büchern zu lernen erfordert Fertigkeiten, die wir in der Schule gelernt haben. Wir befinden uns immer in Beziehung zu anderen. Daher sind Achtung und Dankbarkeit allen Lehrern gegenüber wichtig, selbst wenn sie uns schlecht unterrichtet oder uns schlechte Sachen beigebracht haben – denn was sie dabei aufzeigten, ist die Untrennbarkeit von uns selbst und anderen. Wir verinnerlichen, was von anderen nach außen gebracht worden ist und wir bringen wiederum unsererseits für andere nach außen, was wir verinnerlicht haben. Diese Pulsation webt das gleichzeitige Entstehen von Innerem und Äußerem, von Subjekt und Objekt, von einem selbst und anderem/anderen, von Geben und Nehmen. Jedes Wissen trägt auch ein Gespür dafür mit sich, wie dieses Wissen anzuwenden ist.

Was esoterisches Wissen anbetrifft, wie etwa *Tantra* oder *Dzogchen*, so ist es von vitaler Wichtigkeit, eine lebendige Übertragung von jemandem bekommen zu haben, der selbst nicht nur die Lehren bekommen hat, sondern auch die Erlaubnis, diese lehrend weiterzugeben. Sehr oft ermächtigen die Lehrer nur einen oder zwei ihrer Schüler zu lehren, denn die Traditionslinie braucht die gelebte Integration von Sichtweise, Meditation, Aktivität und Resultat, wenn sie ihre volle Wirkkraft bewahren soll.

In Tibet gab es eine sehr traditionelle Kultur, welche die Hierarchie mittels einer klaren Choreographie sozialer Stellungen und Rollen aufrechterhielt. Hier im Westen haben wir eine sich sehr davon unterscheidende Kultur. In Tibet wurden *Lamas* sehr selten in Frage gestellt und mächtige Leute wurden kaum wegen ihres Verhaltens konfrontiert und zur Rechenschaft gezogen. Hier im Westen sind wir alle rechenschaftspflichtig. Die Art von Verhalten, die wir von Lehrern hinnehmen können, ist hier ganz anders als in Tibet. Es gibt hier also einige zusätzliche Probleme, Probleme, welche die komplexe Beziehung zwischen relativer und absoluter Wahrheit in ein deutliches Licht stellen. Auf der einen Seite ist es für die Praxis nötig zu glauben, dass der *Guru* ein *Buddha* ist, auf der anderen müssen wir aber, um unserem Steuersystem Genüge zu leisten, sicherstellen, dass Geld, das für religiöse Zwecke wie Kloster- und Tempelbau gespendet wurde, auch tatsächlich dafür verwendet wird. Wer aber hat das Recht und die Macht, dies zu erkunden? Dies sind reale Probleme – der Konflikt zwischen der für die Meditation nützlichen Kraft der Idealisierung und der ethisch notwendigen Macht, von Menschen Rechenschaft einzufordern. *Dharma* im Westen erfordert, dass sich sowohl Lehrer als auch Schüler anders verhalten. Da Fehler unweigerlich auftreten, sollte eine Entschuldigung von beiden Seiten nicht allzu schwierig sein, oder?

Traditionell gibt es folgende bildhafte Formulierung: Weisheit sollte weit sein wie der Himmel und Mitgefühl sollte so fein wie die Spitze einer Nadel. Die drei Seinsweisen unserer Natur, der offene, der strahlende und der spontan angemessen reagierende Modus, wirken zusammen, sodass es keine Privilegierung von ›Selbst‹ gegenüber anderen gibt. Aspekte dieser Qualität, spontan und einfühlsam reagieren zu können, sind Sensibilität, Zartheit und Empathie. Diese werden von eigener Bedürftigkeit und Anhaftung freigehalten, indem sie aus der Strahlkraft hervorgehen, welcher die Aspekte von Klarheit, Spontaneität und Dynamik eigen sind. Und die Strahlkraft ist von Aufgeblasenheit und Selbstbezogenheit freigehalten, indem sie der Offenheit entspringt, welcher die Aspekte von Reinheit, Befriedigt-sein und Unveränderlichkeit eigen sind. Der integrierte Fluss dieser Modi trägt Ethik in jeden Augenblick des Lebens hinein. Verdinglichung, willkürliche Annahmen, Besitzergreifen, Ausbeutung usw. usf. sind selbst-befreit, bevor sie einen selbst wie auch andere darin verstricken können.

Unser energetisches Befinden, hat eine deutliche Auswirkung auf andere, auf unser Glücklichsein, unsere Traurigkeit, unsere Hoffnungslosigkeit und unser Vertrauen. Diesem Aspekt des gleichzeitigen Entstehens entkommt man nicht. Daher ist die Integration unserer Erfahrung in den drei Modi, wie sie zuvor beschrieben wurden, die beste Art und Weise, die kostbarste aller Opfergaben darzubringen: Die Opfergabe der Offenheit.

Es ist leicht sich zu verirren. Ich selbst verirre mich eindeutig ziemlich häufig. Ich finde mich dabei, Dinge zu tun, die andere Menschen verstören oder aufbringen, Dinge, die ich später bereue. Es gibt die fortwährende Schwierigkeit bei dem Versuch, den Zustand von Offenheit aufrechtzuerhalten, in welchem das Schuldgefühl, die Scham und die Besorgnis über meine eigenen Handlungen erleichtert und gelockert werden können, sodass sie nicht zu einer stark wirksamen Kraft und schweren Bürde für den nächsten Moment werden und für das Bedürfnis, im Zusammenhang der Auswirkungen meiner Handlungen auf andere spontan und einfühlsam zu reagieren.

So wie wir die *Dorje Sempa*-Praxis des Bekennens und der Reinigung während der *Großen Rigdzin Puja* viele Male ausführen, so können wir diese Sichtweise auch in unsere persönliche Dimension hineintragen und uns bei Menschen für die von uns begangenen Fehler und für Dinge, die wir getan und die sie aufgebracht haben, entschuldigen. Dabei geht es nicht um lange Erklärungen oder Rechtfertigungen, warum wir getan haben, was wir getan haben; es geht darum, sich ernsthaft bewusst zu sein, dass wir, so wie wir im Zustand der Unbewusstheit leben, andere verletzen. Es geht nicht nur darum, dass es schlecht ist, Leute zu verletzen, weil sie wie wir sind, und wir selbst auch nicht leiden wollen. Auch auf energetischer Ebene geschieht es, wenn wir verstört sind, wenn wir aufgebracht und auf jemanden wütend sind, wenn wir uns herabgesetzt oder ignoriert fühlen oder wenn jemand etwas tut, das uns eifersüchtig macht – dass wir uns zusammenziehen, ganz angespannt werden und unsere Ungezwungenheit und Leichtigkeit verlieren. Und so wirkt diese Spannung, ganz gleich ob sie in uns selbst oder in anderen aufkommt, auf alle um uns herum ein und beeinträchtigt die Fähigkeit der Leute, als *Sangha* zusammenzuarbeiten und zusammen zu praktizieren und ist somit alles andere als hilfreich. Die beste Abhilfe ist hier, gemeinsam *Guru Yoga* zu praktizieren.

Von allem Anfang des anfangslosen *Samsara* an waren wir mit der Aktivität der Unwissenheit, der Aktivität der Ignoranz beschäftigt, wir haben die fünf Geistesgifte angesammelt und wir haben viele, viele Dinge getan, die andere verletzt und ihnen Schaden zugefügt haben. Es ist also leicht vorhersagbar, dass wir weiterhin Dinge tun werden, die andere aufregen und verletzen. Die Aufgabe im *Dzogchen* ist aber, tief in die offene Bewusstheit einzutauchen und Klarheit und einfühlsames Reagieren zu entwickeln, ein energetisches Engagement in und mit der Welt, die sich in ihrem So-Sein enthüllt. Von Zeit zu Zeit entwickeln wir Fantasien über Menschen, liebende Fantasien, auf deren Grundlage wir dann Dinge sagen, die ihnen Anlass geben, an uns zu glauben oder sich etwas zu erhoffen, und dann verändert sich unsere Einstellung, und wir betrügen die gemeinsam geteilte Fantasie, unsere *folie à deux*. Es gibt keine aus sich selbst heraus existierenden Objekte. Auf andere etwas zu projizieren heißt, auf Projektionen zu projizieren. Wenn wir dies im Geist behalten, dann bleiben die Dinge leicht, sodass Situationen, selbst wenn sie schmerzvoll sind, aufgelöst werden können. Die Antwort liegt in uns, nicht im anderen. Sich zu entspannen, locker, leicht und empfänglich zu bleiben unterstützt unseren Eintritt in unmittelbares Gegenwärtig-sein inmitten der komplexen Verstrickungen des Lebens.

༣༢

ཨཱཿ Vers 32

Bewusstheit, Bewusstheit und nochmals Bewusstheit

སྣང་ཙམ་མ་འགགས་དོན་ལ་གྲུབ་པ་མེད༔
གང་ཤར་རྩིས་གདབ་མེད་བཞིན་མཐའ་བྲལ་བློ༔
དུས་དང་རྣམས་པ་ཀུན་ཏུ་དྲན་རིག་དང༔

»Unternimm nichts, um Erscheinungen zu blockieren –
sie sind bar jeder substanziellen Wirklichkeit.
Was immer erscheint, bewahre eine Einstellung, die frei
von Begrenzung ist, frei von Bewertung oder Vorurteil.
Zu allen Zeiten und in allen Situationen bewahre den
Zustand wacher Bewusstheit.«

»UNTERNIMM NICHTS, UM ERSCHEINUNGEN ZU BLOCKIEREN – *sie sind bar jeder substanziellen Wirklichkeit.«* Wir erlauben allem, was immer auf uns zukommt, zu kommen. Klarerweise bedeutet dies nicht, dass wir uns absichtlich Gefahren aussetzen sollten, dass wir es an Gewahrsein mangeln lassen und uns in Schwierigkeiten bringen sollten. Das ist es nicht. Eltern müssen auf Kinder aufpassen, denn Kindern ist vieles nicht bewusst. Bewusstheit ist ein sehr guter Schutz. Menschen, die Bewusstheit praktizieren, sollten nicht allzuviele Fehler begehen. Natürlich tauchen Probleme auf, aber da ist auch ein Gespür dafür, mit dem Feld der Manifestation in sehr gutem Kontakt zu sein. Dadurch ist man in der Lage, auf eine Situation angemessen zu reagieren, ohne überzureagieren. Erscheinungen nicht zu blockieren bedeutet, zusammen mit der Gegenwärtigkeit der Erscheinung volles Gegenwärtig-sein zu bewahren. So haben wir ein gleichzeitig entstehendes Gegenwärtig-sein.

Was einen solchen Text, wie den vorliegenden, sehr schwierig zu lesen und zu verstehen macht, ist die Situation, dass es, wenn wir die Anweisung hören, »*Unternimm nichts, um Erscheinungen zu blockieren …*«, so klingt, also ob sie sich an uns selbst richten würde, an unser gewöhnliches Selbstempfinden: »Oh, ich sollte mich besser daran erinnern, es nicht zu tun.« Doch dieses ›Selbst‹, das versucht, Erscheinungen nicht zu blockieren, ist selbst eine Erscheinung.

Wir und unsere Welt sind Erscheinungen. Dies wird durch das tibetische Wort *nang wa* (*sNang Ba*) dargestellt, das auch Licht bedeutet, aber auch jedwede sichtbare Erscheinung. Es bedeutet – insbesondere im *Dzogchen* – auch Erfahrung, denn eine Erscheinung ist eine Erfahrung. Wenn sie erscheint, erfährt sie jemand. Sie erscheint jemandem. Sie erscheint nicht einfach durch sich selbst, in sich selbst. So können wir in der Erfahrung unserer Existenz gegenwärtig sein, so dass Offenheit und Erfahrung untrennbar sind und der Erfahrende seine paradoxe Seinsweise erweist – als sowohl unendliche Präsenz als auch als spezifisches, momentanes Agens. Was immer kommt, kommt – was immer geht, geht. Leben, Wirklichkeit ist, was geschieht. Wie John Lennon es ausdrückte: »Leben ist, was passiert, während du damit beschäftigt bist, andere Pläne zu machen.« (»Life is what happens while you're busy making other plans …«) Das ist schön gesagt. Es ist ganz exakt die Wahrheit, und wir können unser ganzes Leben damit verbringen, Pläne zu schmieden, eines Tages in ein Retreat zu gehen, Meditation zu praktizieren, *Mantras* zu rezitieren, dich zu erinnern, dass du eine bestimmte Gottheit bist und, und, und … und während du diese Pläne schmiedest, wird dein Leben auf die übliche Weise falsch laufen. Das Entscheidende ist also, im Leben, so wie es sich ereignet, präsent zu sein, und das bedeutet, nirgendwo anders zu sein als in diesem Kontinuum der Existenz: Das bist du und die Welt, so wie du sie erfährst.

»*Was immer erscheint, bewahre eine Einstellung, die frei von Begrenzung ist, frei von Bewertung oder Vorurteil. Zu allen Zeiten und in allen Situationen bewahre den Zustand wacher Bewusstheit.*« Wir sind begrenzt und beschränkt, wenn wir unser altes Gepäck in die Situation hereinbringen. Auf der Grundlage *karmischer* Tendenzen, die wir in früheren Leben entwickelt haben und auf der Basis von Mustern, Gewohnheiten und Reaktionsweisen, die wir in diesem Leben entwickelt haben, interpretieren wir Erfahrungen, während wir glauben, ihnen gegenüber offen zu sein. Das ist ein großer Fehler. Wieder und wieder sollten wir uns entspannen, uns öffnen, die Dinge nicht zu ernst nehmen und zu dem zurückkehren, was da ist, was in den verwobenen Bereichen von Subjekt und Objekt erscheint. Ohne einseitige Vorlieben und Neigungen, ohne sich auf eine Seite zu schlagen, bewahre Bewusstheit des integrierten Feldes der Erscheinungen. Wenn wir bemerken, dass wir in primäre, grundlegende Identifikation mit dem Selbst als Subjekt zurückgefallen sind, brauchen wir nicht verzweifelt zu sein; Entspanne dich einfach, öffne dich und lasse zu, dass kommt, was immer kommt. Je mehr wir unsere eigenen spezifischen Weisen sehen können, wie wir uns verschließen, uns abkapseln, wie wir begrenzen und trennen und uns defensiv absondern, desto leichter wird es uns fallen, Schuldzuweisungen loszulassen und der Energie zu erlauben, sich anzuspannen und sich wieder zu lockern und zu lösen, während wir im Gegenwärtig-sein verweilen.

Erinnere dich, Bewusstheit bedeutet nicht, dass ›Ich‹ mir einer Sache bewusst bin. Es ist nicht so, dass ich mir der Dinge bewusst bin, sondern es ist so, dass im Zustand von Bewusstheit das Empfinden eines ›Ich‹ erscheint, welches anderen Erscheinungen innerhalb des Feldes der Manifestation Beachtung und Interesse schenkt.

༣༥

Vers 33 ཨཱ༔

Unsere Lebenslüge

སྐད་ཅིག་རྒྱུངས་སོ་བྱུ་ར་མ་བཞག་པར༔
ཡེངས་མེད་འཛིན་མེད་མི་འབྲལ་སྐྱོང་བ་གནད༔

»Lasse in deiner hellwachen Aufmerksamkeit nicht einmal für einen Augenblick nach. Es ist von vitaler Wichtigkeit, Nicht-Abgelenktsein, Nicht-Festhalten und Nicht-Vermeiden aufrechtzuerhalten.«

»LASSE IN DEINER HELLWACHEN AUFMERKSAMKEIT *nicht einmal für einen Augenblick nach. Es ist von vitaler Wichtigkeit, Nicht-Abgelenktsein, Nicht-Festhalten und Nicht-Vermeiden aufrechtzuerhalten.«* Es gab einen britischen Psychoanalytiker namens Donald Winnicott, der die Entdeckung gemacht hatte, dass bei vielen Patienten, die an einer Angst vor einem Zusammenbruch oder vor Verrücktwerden litten, der Zusammenbruch in Wirklichkeit bereits geschehen war. Wir wenden uns oft von Angelegenheiten unseres Lebens ab, weil wir das Gefühl haben, dass sie nicht zu ertragen sind. Denn wir haben das Empfinden, dass, wenn wir unsere tatsächliche Situation anschauen würden, uns dies verrückt machen oder in irgendeiner Weise zerstören würde.

Unsere Symptome sind, dass wir uns selbst belügen, dass wir andere belügen, dass wir uns selbst betrügen mit Phantasien, mit Verleugnung und Vermeidung. Die als Wurzel all dessen auszumachende Ursache ist die Gewohnheit der Unwissenheit, der Ignoranz, die uns Augenblick für Augenblick davon abhält, die offene Dimension des Seins zu erkennen. Und darin liegt auch das wirklich Paradoxe, denn den Zugang in den natürlichen Zustand gibt es nur im Augenblick. Aber der gegenwärtige Augenblick ist genau der Ort, an dem zu leben wir so schwierig finden. Denn irgendwie stellen wir uns vor, dass es gesünder und wichtiger und auch leichter handzuhaben ist, von auf die Vergangenheit oder auf die Zukunft gerichteten Gedanken gefangen zu sein und sich in ihnen ganz und gar zu verfangen, als in dem, was hier und jetzt vor sich geht, präsent zu sein. So ist es sehr wichtig, die gefühlsmäßige Tönung dieses Verses zu spüren, denn es handelt sich hier nicht um einen abstrakten Erkenntnis-Vorschlag. Es geht hier um etwas, das uns – wenn wir uns darauf einlassen – umkrempeln wird, das uns sehr beunruhigen wird. Wenn wir versuchen, nichts festzuhalten, nicht abgelenkt zu sein und nichts zu vermeiden, müssen wir dem Schrecken der Lüge, in der wir so lange gelebt haben, ins Gesicht schauen.

Es gibt hier also eine doppelte Bewegung, Entspannt zu bleiben, während wir unaufhörlich aufmerksam sind, und aufmerksam zu bleiben, während wir entspannt sind. Dies ähnelt der Grundhaltung, wie sie in den Kampfkünsten gefragt ist. Es ist der Mittlere Weg, der die Extreme meidet. Der Schlüssel liegt im Befriedigt-sein *(Sim Pa),* darin, die vollständige, volle Leere des Gegenwärtig-seins zu genießen, die Fülle des Seins, die in der Trennung und Integration von Stille und Bewegung zustandekommt. Indem wir keine Hoffnungen und Befürchtungen in unbeständige, vergängliche Erscheinungen investieren, gibt es nichts, was uns ablenken könnte, was wir festhalten oder vermeiden wollten. Anfang und Ende der *Dharma*-Praxis ist Zuflucht. Wenn du in deiner eigenen Natur Zuflucht findest, brauchst du keine trügerische Zuflucht in flüchtigen Objekten zu suchen.

༣༤

Vers 34

ཨཱཿ

Sei gut zu dir

སྟོང་ཉིད་སྙིང་རྗེ་མ་ཡེངས་མ་བསྒོམ་པར༔

རྣམ་པ་ཀུན་ཏུ་འབད་རྩོལ་དང་བྲལ་ནས༔

མཉམ་བཞག་རྗེས་ཐོབ་རྒྱུན་ཏུ་བསམ་གཏན་བསྒོམས༔

»Bewahre Leerheit und Mitgefühl, ohne Ablenkung und ohne Meditation, die etwas erstrebt. Stets frei von Bemühung und Anstrengung, kontempliere den Fluss meditativer Ausgeglichenheit und die anschließende Wirkung.«

Das Wesentliche ist, gut zu sich zu sein. Die Hindernisse, denen wir uns beim Eintritt in das Gegenwärtig-sein gegenübersehen, sind schon hart genug. Wenn wir versuchen, große Helden zu werden und uns mit großem Druck einen Weg zu bahnen, werden wir unsere Widerstände nur noch vergrößern. Zartheit und Liebe sind immer wichtig. Uns selbst gegenüber zart zu sein, sehr fein eingestimmt zu sein auf das, was vor sich geht, ist wie das Gesicht eines kleinen Kindes zu streicheln. Wir versuchen nicht, in unseren Geist hineinzustarren, sondern versuchen lediglich sehr sanft bei dem, was sich ereignet, gegenwärtig zu sein.

Wenn jemand zu uns kommt und sagt, er habe schreckliche Dinge getan und sei darüber sehr verstört, fühlen wir uns davon berührt und wollen ihm helfen. Alles Schlechte, das wir je getan haben, alles, wofür wir uns schämen, haben wir aufgrund der fünf Gifte getan. Wir haben es aus unserer eigenen Verwirrung heraus, aus unserem Schmerz heraus getan.

Der Weg zu Integration führt nicht über Bestrafung, sondern über zartfühlende Akzeptanz dessen, wie wir sind, so dass wir uns selbst näher kommen können. Und wenn wir uns nahe kommen, wird die subtilste Verletzung, der subtilste Bruch und Zwiespalt von Subjekt und Objekt als zwei getrennten Entitäten allmählich zum Verschwinden gebracht werden. Im Augenblick der Erfahrung, uns selbst sehr tief und grundlegend zu lieben – und das ist das Herz jeglicher Meditation – erreichen wir eine erste Integration in die Grund-Natur. Wenn wir diese zarte Aufmerksamkeit aufnehmen und uns zueigen machen, wird uns dies in die Tiefen meditativer Ausgeglichenheit führen. Dies meint den Zustand, in welchem der Geist durch nichts gestört wird, was immer auch in Erscheinung tritt. Und dieser wird uns dann in die Phase der anschließenden Wirkung geleiten, die der Nachmeditations-Zustand oder der expansive Aspekt der Meditation ist, in welchem wir uns zusammen mit anderen Menschen in der Welt wiederfinden. Wenn du entspannt sein kannst und diese zwei Zustände integrierst, so heißt es, dass dies die Natur von Buddhaschaft ist.

Der natürliche Zustand ist nicht gegen dich, andere Menschen sind auf der Ebene deiner Natur nicht gegen dich, es sind primär wir selbst, die gegen uns arbeiten. Wenn wir beginnen, mit uns selbst zusammenzuarbeiten, wenn wir uns auf die Seite stellen, auf der wir schon sind, dann vollzieht die Welt eine Wendung und wir fangen an, diesen Energiefluss zu spüren, wie er durch uns hindurchgeht. Und es wird uns zunehmend die Tatsache bewusst, dass wir nichts anderes sind als diese nicht-duale integrierte Manifestation von Gegenwärtigsein.

Dieser Vers markiert das Ende des unterweisenden Teils des Textes. Wir haben noch die abschließenden Verse, die von allgemeinerer Natur sind. Wir haben bereits die Essenz dieses Textes empfangen, der eine direkte Übertragung, eine *Terma*-Übertragung durch Nuden Dorje ist und der die Natur des Geistes und die Einstellung, die anzunehmen ist, zum Inhalt hat. Entspannung ist nicht Faulheit, und liebevolle

Freundlichkeit sich selbst gegenüber ist kein genusssüchtiges Sich-Gehenlassen. Wie der Text an mehreren Stellen beschreibt, drückt sich die Qualität von Bewusstheit in Klarheit und Gegenwärtig-sein aus. Wenn also diese beide Aspekte in unserer Erfahrung nicht aufscheinen, sind wir höchstwahrscheinlich auf Abwege geraten. Gebt acht!

༣༥

ལེའུ

Vers 35

Es gibt nichts besseres als dieses

དེ་ལྟར་མཛད་པ་རྒྱུད་སྡེ་ཐམས་ཅད་ཀྱི༔
གཅེས་པའི་གནད་དོན་ཆོས་ཀྱི་སྙིང་ཁུ་བཅུད༔
བདེ་གཤེགས་རྒྱལ་བ་ཀུན་གྱི་ཉམས་ལེན་མཆོག༔
ལྟ་བསྒོམ་སྤྱོད་པའི་མན་ངག་འདི་ཡོ་ན༔

*»Diese Praxis ist die ersehnte essenzielle Bedeutung
aller Klassen des Tantra, die vitale Essenz des Dharma.
Sie ist die alles überragende Praxis aller Buddhas.
Sie ist die alleinige, geheime Darlegung von Sichtweise,
Meditation und Verhalten.«*

WIR HABEN ES NUDEN DORJE'S GÜTE ZU VERDANKEN, dass wir nicht die ganze Bandbreite tantrischer Disziplinen zu praktizieren brauchen. Die entscheidende Essenz dieses Textes zu verstehen ist genug. »… *Sie ist die alles überragende Praxis aller Buddhas.* …« Man könnte dies für eine gewissermaßen etwas überzogene Formulierung halten. Aber das ist es nicht, denn dies ist genau die Praxis der Buddhas. Es ist die Herz-Praxis der großen Meister wie *Garab*

Dorje und *Padmasambhava*. Es ist wichtig, es zu glauben, dass sie alles überragt, denn eine der Eigenschaften des dualistisch agierenden Geistes ist es, sich stets neue Kategorien mit einer neuen Vielfalt von Adjektiven und Adverbien zuzulegen und es gibt immer etwas Höheres und Besseres. Das Fernsehen ist voller Adjektive und voller Superlative, und will uns immer neuere und bessere Modelle vor Augen führen. Und in Kreisen des tibetischen Buddhismus hört man immer wieder den Klatsch über diesen oder jenen *Lama*, der ganz, ganz besondere Lehren weiterzugeben hätte. Daher ist es wichtig, ein Gefühl davon zu bekommen, dass du dich nicht selbst betrügen wirst, wenn du dieser Praxis folgst. Es gibt kein anderes Mysterium, das es irgendwo anders zu finden gäbe. Selbst wenn eine Gottheit hundert Beine und tausend Arme besitzt, geht sie keinen anderen Pfad als diesen. Obgleich diese Lehre ziemlich einfach ist, ist sie in vielerlei Hinsicht ausnehmend schwierig zu praktizieren.

༣༦

Vers 36

Auf dem richtigen Weg

སྐལ་ལྡན་ལས་འཕྲོ་ཅན་རྣམས་ཉམས་སུ་ལོངས༔
ས་དང་ལམ་གྱི་ཡོན་ཏན་གོང་དུ་འཕེལ༔
རྫོགས་པ་ཆེན་པོ་སྙིང་ཐིག་དམར་བྲུང་འདི༔
ཕྱི་རབས་ལས་ལྡན་བུ་ཡི་གྲོགས་སུ་བསྔུལ༔

»Die Glücklichen mit gutem Karma müssen diese Praxis ausführen, dann werden die guten Qualitäten der Stufen und Pfade sich entwickeln und zunehmen. Dies verkörpert die destillierte Quintessenz von Dzogchen. Sie wird den Glücklichen, die später kommen, ein Freund sein.«

DANN SAGT ER: »*Die Glücklichen mit gutem Karma müssen diese Praxis ausführen*«, und wenn sie es tun, dann werden alle »*guten Qualitäten der*« verschiedenen »*Stufen und Pfade sich entwickeln …*« Es verkörpert die destillierte Quintessenz von allem *Dzogchen*. »*Sie wird den Glücklichen, die später kommen, ein Freund sein.*« Die Glücklichen mit gutem *Karma* sind Nuden Dorje selbst und seine ersten Schüler, denen er diese Lehre übergab. Durch eine kurze

Linie kam sie dann zu Chimed Rigdzin Rinpoche, der diesen Text sicherlich gelebt und in sein Leben integriert hat. Und nun kommt sie durch die Übertragung, die Übersetzung und diese Unterweisungen zu uns. Wir sind also die Glücklichen der späteren Zeiten.

Die Lehre muss auf richtigem Wege zu uns kommen. Gib niemals vor, als wüsstest du mehr, als du weißt, denn dies zu tun läuft nicht nur darauf hinaus, dich selbst zu betrügen, sondern du betrügst auch die Übertragung und du betrügst andere. Nur durch Integration bleibt sie lebendig.

Aus den Gesprächen hier während des Retreats schließe ich, dass die meisten der hier im Retreat Anwesenden einigermaßen durcheinander geratenes Leben führen. Wir sind nicht gerade das konventionelle Bürgertum. Und doch haben wir alle gutes *Karma*. Und *das* ist von Bedeutung. Wenigstens haben wir etwas von wirklichem Wert bekommen. Oft ist es ja so, dass das Leben ein bisschen in Stücke zerbrechen muss, damit sich eine Lücke oder eine Öffnung ergeben kann, die die Möglichkeit für das Eintreten einer Veränderung bietet. Wenn es zu viel Komfort gibt, ist die Praxis des *Dharma* schwierig.

༣༧

Vers 37

Bewahre die Linie

གཏེར་སྲུང་ཚོགས་ཀྱི་བཀའ་འདི་གཉེར་ཀ་བསྲུང༔
དམ་ལྡན་རིགས་ལ་བུ་བཞིན་སྐྱོང་བ་དང༔
རིག་པ་ཀ་དག་ཀུན་བཟང་ཞལ་མཐོང་ཤོག༔

»Ihr Beschützer der Schatzlehren müsst diese Unterweisungen gut bewachen. Ihr Gelübde-Haltenden müsst diese Lehren beschützen, als wären sie Euer Kind. Ihr werdet das Antlitz von Samantabhadra, die uranfängliche Reinheit eurer Bewusstheit, erblicken.«

Die Beschützer sind die mächtigen Wesen, die dem *Dharma* dienen, indem sie auf das, was vor sich geht, ein wachsames Auge haben. Wie das Über-Ich befassen sie sich mit Fragen von Pflicht, von Regeln und Bestrafung. Gegen wen beschützen sie aber diese Lehren? Klarerweise brauchen sie dieses Buch nicht gegen die Unglücklichen zu verteidigen, die ihm niemals begegnen werden. Wir, die Glücklichen, die gutes *Karma* hatten und diesen Lehren begegneten, sind auch die Unglücklichen, die sie höchstwahrscheinlich gefährden werden, indem wir die Unterweisungen nicht richtig verstehen. Wir, die Glücklichen, die das gute *Karma* hatten, diesen Lehren zu begegnen, sind zugleich auch die Unglücklichen, von guten Geschicken verlassenen, die diese Unterweisungen höchst wahrscheinlich aufgrund unseres Mangels an Aufmerksamkeit missverstehen und verzerren werden. Die Feinde des *Dharma* sind nicht dort draußen, dort draußen sind nur Krähen und Bauern. Die Feinde des *Dharma* befinden sich in diesem Raum hier, Leute mit großem Ego und verwirrtem Geist, die denkfaul sind und alle Lehren miteinander vermischen und sich selbst vormachen, dass sie wirklich die rechte Praxis üben. Daher ist es wichtig, die Verpflichtung nicht zu vergessen, die damit einhergeht, Lehren wie diese zu empfangen. Der *Dharma* ist kein Spielzeug. Ohne Achtung und fleißiger Ausdauer wirst du nur dein Leid vermehren.

༣༨

Vers 38

Eine Unterweisung für das Herz und nicht für den Intellekt

རྟོག་གེའི་གྲུབ་མཐའ་ཐ་སྙད་མཁན་གྱི་རིགས༔
ཚུལ་འདི་སྟོན་པའི་དུས་མིན་ཧྲ་ཐེམ་རྒྱ༔
ཤིན་ཏུ་གསང་བས་མཁའ་འགྲོའི་གསང་མཛོད་གྲགས༔

»Es ist niemals angebracht, diese Unterweisung Gelehrten zu zeigen, die nach Vernunftgründen und akademischen Lorbeeren süchtig sind. Diese Lehren sind in Leerheit versiegelt. Weil sie sehr geheim sind, sind sie als der geheime Schatz der Dakinis bekannt.«

Wenn es keine Absicht gibt, diese Lehren zu praktizieren, muss man sie auch nicht kennen. Wenn der *Dharma* dafür benutzt wird, intellektuelle Egomanie anzufachen, dann ist das fürchterlich. Es erzeugt eine iatrogene Störung, bei welcher es der Arzt und die Medizin sind, die eine neue Störung ausgelöst haben. Diese Unterweisung ist in Leerheit versiegelt. Nur die Praxis kann Leerheit durchdringen. Die Gedanken von Gelehrten führen nur zu weiteren Gedanken, den endlosen Täuschungen von *Samsara*.

Der essenzielle Punkt hier ist, dass diese Unterweisungen ein Weg des Herzens sind, dass das eigene Herz offen sein muss, um sie zu praktizieren. Wie schon zuvor betrachtet geht der Weg, der in diese Praxis führt, über Zartheit, und es braucht einen Sinn für ästhetisches Sich-Erfreuen und ästhetische Einstimmung – so als hörte man den Goldberg-Variationen zu. Der Eintritt findet sich in der energetischen Einstimmung, und so werden diese Lehren auch als der geheime Schatz der Dakinis bezeichnet: Die Dakinis reagieren und antworten auf Energien, sie sprechen auf diese an und nicht auf Konzepte.

Menschen mit gutem *Karma* können beim allerersten Hören dieser Lehren augenblicklich erwachen. Die meisten Menschen müssen sich jedoch zunächst einmal mit etwas vorbereitender Praxis befassen, im Ringen um ein konzepthaftes Verstehen der Bedeutung der Konzeption. Kalu Rinpoche pflegte zu sagen, dass *Tantra* wie ein Flugzeug sei: Es könnte dich sehr schnell ans Ziel bringen, der Preis für das Flugticket ist aber ziemlich hoch. Und natürlich musst du das Ticket kaufen, bevor du an Bord gehen kannst. Du musst also einiges an gutem *Karma* und einiges an mentaler Vorbereitung angesammelt haben, bevor du in die Praxis eintreten kannst. Das Gleiche trifft eindeutig auch auf diese Art von Praxis zu.

༣༩

Verse 39 & 40

Kolophon

བཛྲ་མིང་གི་སྐལ་བར་གཏེར་དུ་སྦས༔

ཞེས་པ་འདི་འང་བདག་འདྲ་ནུས་ལྡན་འགྲོ་ཕན་གླིང་པས་གངས་བཟང་གནས་ནས་
གདན་དྲངས་ཤིང་མ་ཅིག་གི་གདན་ས་ཟངས་རི་མཁར་དམར་དུ་གཏན་ལ་ཕབ་པའོ༔

»Dies wurde für den mit Glück Begabten verborgen, der als Bendza Ming bekannt ist.«

»Dieser Text wurde von Nuden Dorje Drophan Lingpa am heiligen Ort von Kang Zang (Gangs bZang) im Norden Tibets offenbart. Er wurde am Pilgerort von Machig Labdrön am Zangri Kharmar (Zangs Ri mKhar dMar) niedergeschrieben.«

»DIES WURDE FÜR DEN MIT GLÜCK BEGABTEN VERBORGEN, *der als Bendza Ming bekannt ist,«* – dieser Ausdruck bedeutet ›*Vajra*-Name‹, was ein anderer Name von Nuden Dorje ist. Da die Linie dieses Textes so kurz, so jung ist, hat sie sehr viel Kraft. Noch ganz frisch weist sie nur wenige verwirrte Gedanken auf, die sie überdecken würden. Wie Quellwasser ist sie äußerst erfrischend.

Das Kolophon zeigt an, dass der Text von *Padmasambhava* geschrieben und später von Nuden Dorje im Norden Tibets entdeckt wurde; von ihm wurde er dann niedergeschrieben, als er sich in Zangri Kharmar auf Pilgerschaft befand.

Anhang

Machig Labdröns Unterweisung über die Natur der Weisheit

Befähigte Menschen mit starkem Vertrauen, die den Wunsch hegen, die Lehre von *Mahasandhi* (*Dzogchen*) zu praktizieren, sollten sich in friedvoller Abgeschiedenheit aufhalten und alle fühlenden Wesen in Erinnerung behalten, sich selbst wie alle anderen.

Jetzt, wo wir über die kreative Situation eines mit den Freiheiten und Gelegenheiten ausgestatteten Körpers verfügen, ist es von vitaler Bedeutung, über die Vergänglichkeit und Unbeständigkeit dieses Lebens zu meditieren. Indem du *Samsara* gegenüber starke Abneigung empfindest und die Absicht hegst, für die fühlenden Wesen von Nutzen zu sein, solltest du in Körper, Stimme und Geist ruhig und friedvoll bleiben und wie folgt meditieren:

Der gesamte äußere Behälter, also diese Welt, wie sie aus Erde, Steinen, Bergen, Felsen usw. besteht, sowie sein Inhalt, die darin befindlichen Bewohner, also alle fühlenden Wesen, sind einzig und allein von deinem Geist zugeschriebene Namen und Bezeichnungen. Du musst dir darüber wirklich im Klaren sein. Was nun deinen Geist anbetrifft, so musst du wieder und wieder nach ihm forschen, indem du seine Form und Farbe, seinen Ursprung, seinen Aufenthaltsort und wohin er geht herauszufinden suchst. Wann immer du infolge unterscheidender Identifizierung glaubst, irgendeine Art wirklicher, aus sich heraus existierender Essenz gefunden zu haben, dann überprüfe die Ergebnisse deines Forschens, indem du es innen wie außen gründlich betrachtest und überall schaust.

Durch wiederholte Übung und wiederholte Erfahrung, nichts Substanzielles zu finden, kehre immer wieder zur Klarheit zurück, dass dein Geist leer (*shunya*) ist und bar jedweder dinglichen, abgrenzbaren Essenz. Bezüglich dieser Leerheit, die frei von jeder innewohnenden Eigensubstanz ist, entstehen viele verschiedene Gedanken von Existenz und Nicht-Existenz, doch sind diese Ideen, Konzepte und intellektuellen Unterscheidungen ihrerseits selbst ohne jegliche substanzielle Basis und nichts anderes als das bloße Spiel des illusorischen Subjekts und Objekts. Ohne künftige Gedanken zu erwarten oder vergangenen Gedanken nachzugehen, lasse den natürlichen Fluss zu, ohne jedes Eingreifen.

Die Bewusstheit dessen, der denkt, der wahrnimmt, der versteht, ersteht selbst als der natürliche Ausdruck der Bewusstheit selbst. Es ist das Wesentliche, immer in genau diesem Zustand zu verweilen. Es ist ganz entscheidend, alle aufkommenden Gedanken, Gefühle und Empfindungen, ganz gleich welcher Art, seien sie angenehm oder unangenehm, als Erscheinungen des natürlichen Ausdrucks der Bewusstheit zu erfahren. Indem dieses Gewahrsein einfach aufrechterhalten wird, ohne etwas Künstliches zu tun oder etwas zu konstruieren, besteht die Befreiung in der Nicht-Dualität von alldem, was in Erscheinung tritt, und der Weisheit der natürlichen Bewusstheit. Integration im Zustand von Bewusstheit ist von vitaler Bedeutung.

Die ursprüngliche, makellose Klarheit der uranfänglich entspannten Bewusstheit ist von Natur aus ohne jede Trübung und Verdunkelung. Ohne Schwanken ist sie frei von substanziellen Objekten, frei von Haften, strahlend und klar. Dies ist der Urgrund und das Zuhause aller Erscheinungen in *Samsara* und *Nirvana*. Frei von Hoffnungen und Zweifeln erfahre deine eigene natürliche Bewusstheit.

Erlange die Gewissheit dass es nur dieses gibt: Alle Gedanken sind untrennbar von der Grundnatur, sie sind das Strahlen der Bewusstheit. Alle Erscheinungen, die eigenen Erfahrungen, diese Endlosigkeit der Manifestationen der Klarheit mehren und entwickeln sich. Mit der tatsächlichen Aktualisierung der durchdringenden unwandelbaren Bewusstheit wird dann die unbeschreibbare Natur des unfassbaren Endens der Phänomene, die große spontane Nicht-Meditation, *Mahamudra*, die Herzerfahrung von *Kuntu Sangpo* (*Samantabhadra*) manifest.

Während des *Bardo* wirst du im *Dharmadatu* Befreiung erfahren und die Macht erlangen, zum Wohle aller Wesen zu handeln. Diese Praxis ist von vitaler Bedeutung. Dies schließt die Einführung in die ursprüngliche Natur von *Prajnaparamita* ab.

Aus dem *Chöd*-Text »Die Vision, die das Tor zur Befreiung öffnet« (*Dag sNang Thar Pai sGo 'Byed*) von Gonpo Wangyal (*mGon Po dBang rGyal*).

མ་ཅིག་ལབ་སྒྲོན་གྱི་རྣལ་འབྱོར༔

Guru Yoga für Machig Labdrön

ཨོཾ་མ་ཅིག་མ་ལ་གསོལ་བ་འདེབས༔

OM	**MA CHIG**	**MA**	**LA**	**SOL WA DEB**
*OM**	*Machig Labdron*	*Mutter*	*zu*	*beten*

OM, ich bete zu Machig Labdrön, der Mutter.

ཨཱཿམ་ཅིག་མ་ལ་གསོལ་བ་འདེབས༔

AA	**MA CHIG**	**MA**	**LA**	**SOL WA DEB**
*AA**	*Machig Labdron*	*Mutter*	*zu*	*beten*

AA, ich bete zu Machig Labdrön, der Mutter.

ཧཱུྃ་མ་ཅིག་མ་ལ་གསོལ་བ་འདེབས༔

HUNG	**MA CHIG**	**MA**	**LA**	**SOL WA DEB**
*HUNG**	*Machig Labdron*	*Mutter*	*zu*	*beten*

HUNG, ich bete zu Machig Labdrön, der Mutter.

*) Symbole für Machig Labdrons Körper, Rede und Geist. Ein weißes OM ist an ihrer Stirn, ein rotes AA ist an ihrer Kehle und ein blaues HUNG ist an ihrem Herz.

དཀར་པོ་ཨོཾ་གྱིས་བྱིན་གྱིས་རློབས༔

KAR PO	**OM**	**GYI**	**JIN GYI LOB**
weiß#	*OM*	*von*	*Segen erhalten*

Ich erhalte den Segen der weißen Silbe OM.

དམར་པོ་ཨཱཿཡིས་བྱིན་གྱིས་རློབས༔

MAR PO	**AA**	**YI**	**JIN GYI LOB**
rot#	*AA*	*von*	*Segen erhalten*

Ich erhalte den Segen der roten Silbe AA.

སྔོན་པོ་ཧཱུྃ་གིས་བྱིན་གྱིས་རློབས༔

NGON PO	**HUNG**	**GI**	**JIN GYI LOB**
blau#	*HUNG*	*von*	*Segen erhalten*

Ich erhalte den Segen der blauen Silbe HUNG.

*) weißes, rotes und blaues Licht strahlt von den Buchstaben OM, AA und HUNG. Sie schmelzen in meine eigene Stirn, Kehle und Herz und reinigen alle Sünden und Verdunkelungen von meinem Körper, meiner Rede und meinem Geist.

སྐུ་གསུང་ཐུགས་ཀྱིས་བྱིན་ཆེན་ཐོབ༔

KU	**SUNG**	**THUG**	**KYI**	**JIN**	**TSCHEN**	**POB**
Körper	*Rede*	*Geist*	*von*	*Segen*	*großen*	*erhalten*

Ich erhalte den großen Segen ihres Körpers, ihrer Stimme und ihres Geistes.

མ་ཡུམ་ཆེན་གོ་འཕང་ཐོབ་པར་ཤོག༔

MA YUM	**TSCHEN**	**GO PANG**	**THOB PAR**	**SHOG**
Mutter	*großartig*	*Stufe*	*erlangen/erreichen*	*sein muss*

Ich muss die gleiche Stufe wie die große Mutter erlangen!

OM, ich bete zu Machig Labdrön, der Mutter.
AA, ich bete zu Machig Labdrön, der Mutter.
HUNG, ich bete zu Machig Labdrön, der Mutter.
Ich erhalte den Segen der weißen Silbe OM.
Ich erhalte den Segen der roten Silbe AA.
Ich erhalte den Segen der blauen Silbe HUNG.
Ich erhalte den großen Segen ihres Körpers, ihrer Stimme und ihres Geistes.
Ich muss den gleichen Zustand wie die große Mutter erlangen!

Die Widmung des Verdienstes

༄༅། །དགེ་བ་འདི་ཡིས་མྱུར་དུ་བདག།
པདྨ་འབྱུང་གནས་འགྲུབ་གྱུར་ནས།
འགྲོ་བ་གཅིག་ཀྱང་མ་ལུས་པ།
དེ་ཡི་ས་ལ་འགོད་པར་ཤོག།

Möge ich durch dieses Verdienst schnell
Von Padmasambhava untrennbar werden
Und alle fühlenden Wesen ohne Ausnahme
Zum gleichen Zustand führen.

Gebet für die Verbreitung des Dharma

ཉེར་འཚེ་མ་ལུས་ཞི་བ་དང་།

མཐུན་རྐྱེན་ནམ་མཁའི་མཛོད་བཞིན་དུ།

རྒྱལ་དབང་པདྨ་འབྱུང་གནས་ཀྱི།

བསྟན་པ་ཡུན་རིང་འབར་གྱུར་ཅིག།

ཨོཾ་ཨཱཿཧཱུྃཿབཛྲ་གུ་རུ་པདྨ་སིདྡྷི་ཧཱུྃཿ

Indem alle Schwierigkeiten ausnahmslos
befriedet werden,
und mit Hilfe von harmonischen Situationen,
die wie der Schatz des Himmels sind,
Mögen die Lehren von Padmasambhava,
dem Herrn der Lehren der Jinas,
lange existieren und hell erstrahlen!
Unzerstörbarer Guru Padmasambhava mit den
drei Kayas, gewähre wirkliche Vollendungen!

Gebet für die schnelle Wiedergeburt Seiner Heiligkeit Khordong Terchen Tulku Chimed Rigdzin Rinpoche

༄། །ཨོཾ་སྭསྟི།

བླ་མེད་མཚོ་སྐྱེས་རྒྱལ་བའི་རིང་ལུགས་མཆོག།

བཀའ་གཏེར་སྨིན་གྲོལ་མན་ངག་བསམ་མི་ཁྱབ།

སྤྲེལ་མཛད་འཆི་བ་མེད་པའི་རིག་འཛིན་རྗེ།

ཡང་སྤྲུལ་མྱུར་འབྱོན་མཛད་ཕྲིན་ལྷུན་གྲུབ་ཤོག། ༎

Wunderbar! Chimed Rigdzin, der Du die unfassbaren Unterweisungen von Einweihungen und Belehrungen von Buddhas mündlicher Linie und der verborgenen Schätze lehrst, die der uralten Tradition des unübertroffenen see-geborenen Buddha angehören. Möge Deine Tulku-Inkarnation schnell erscheinen und mögen alle Aktivitäten spontan verwirklicht werden.

Geschrieben von S.H. Dilgo Khyentse Rinpoche als Langlebensgebet, und von Chimed Rigdzin Rinpoche kurz vor seinem Tod geändert.

Garab Dorje

Der Wurzeltext

»Der Spiegel der Klaren Bedeutung«

Vers 1

»Wird von dieser geheimen Unterweisung gebrauch gemacht, so kann das eigene Gesicht erblickt werden, die eigene Bewusstheit, welche der ursprünglich erleuchtete Samantabhadra ist. Der Pfad der Einheit der ursprünglichen Reinheit von Bewusstheit und Leerheit entfaltet sich als spontane Weisheit, frei von allen relativen Bedingtheiten.«

Vers 2

»Indem du dich auf den Guru stützt, der dir die endgültige Bedeutung zeigt, und nachdem du ferner die Ermächtigungen, Erlaubnisse und Unterweisungen korrekt erhalten hast, solltest du an einem einsamen Ort zunächst deinen Geist in vier oder sechs täglichen Meditationsabschnitten reinigen – entsprechend den Erfordernissen deines eigenen Zustandes.«

Vers 3

»In dieser Welt fließen die Erscheinungen ohne Unterlass; in diesem Ozean von Gift gibt es keine Zeit, Befreiung zu suchen. Wir wandern wieder und wieder in den sechs Daseinsbereichen Samsaras umher, und ganz gleich was wir versuchen, stets erfahren wir Leiden, ohne auch nur eine Chance des Glücks zu bekommen.«

Vers 4

»Dein Körper ist der Überrest deines noch nicht ganz erschöpften Karmas. Er ist der Ort der Freiheiten und Segnungen, die so schwer zu erhalten sind. Nachdem du diese kostbare menschliche Existenz erlangt hast – eine gute Basis ohne Mängel und Behinderungen, die so schwer zu bekommen aber so leicht zu zerstören ist – musst du schnell in der Praxis der Tugend ausdauernd werden.«

Vers 5

»Der Zeitpunkt deines Todes ist ungewiss, denn unsere Lebensspanne ist wie die einer Sommerblume oder eines Regenbogens. Der Todesgott kommt schnell wie ein Blitz.«

Vers 6

»Zu diesem Zeitpunkt wirst du nichts anderes finden, was dich beschützen könnte, als den einzigen Schutz des Guru und der Drei Juwelen. Mögest du also täglich sechsmal oder ständig Zuflucht zu deinem Guru sowie zu Buddha, Dharma und Sangha nehmen.«

Vers 7

»Alle fühlenden Wesen in Samsara waren zum einen oder zum anderen Zeitpunkt unsere Eltern. Entwickle daher das Bodhicitta des Wünschens und praktiziere gemäß der relativen und der absoluten Wahrheit. Nun, da du die hervorragende Stütze dieses menschlichen Daseins erlangt hast, musst du die untrüglichen Unterweisungen deines Guru praktizieren.«

Vers 8

»Du musst sorgfältig und ohne zu irren zwischen tugendhaften Handlungen, die anzunehmen sind, und untugendhaften Handlungen, die aufzugeben sind, unterscheiden. Du selbst wirst die Konsequenzen deiner schlechten Handlungen erfahren.«

Vers 9

»Yama, der schreckenerregende Gott des Todes, kennt alle guten und schlechten Dinge, die du getan hast. Wo immer du geboren wirst, wirst du nur Elend und Leiden erfahren. Du wirst außer den Drei Juwelen keine andere Zuflucht finden, die dich beschützen oder begleiten wird.«

Vers 10

»Dein Wurzelguru ist die Verkörperung aller Buddhas der Vergangenheit, der Gegenwart und der Zukunft. Er ist derjenige, der alle Qualitäten besitzt und dir die dreifache Güte des Gewährens von materieller Unterstützung, von Dharmalehren und von Erleuchtung erweist. So solltest Du ihn zu allen Zeiten als über deinem Kopf gegenwärtig in ununterbrochener Erinnerung halten. Einem solchen Guru zu begegnen ist so schwierig, wie dass Blumen einfach am Himmel erscheinen. Seine Lehren zu empfangen ist so selten wie das Erscheinen von Sternen am hellichten Tage. Du solltest daher beten, untrennbar mit seinem Geist zu verschmelzen.«

Vers 11

»Alle Buddhas der Vergangenheit, der Gegenwart und der Zukunft folgen dem Pfad dieser Lehren und nun hast auch du das Glück, diesem geheimen Pfad begegnet zu sein. Die Herzessenz aller Buddhas ist genau dies und nichts anderes, die eindeutige geheime Essenz von Ati Dzogpa Chenpo.«

Vers 12

»Wenn du eine unumkehrbare Verwirklichung dieser Lehre erlangst, dann erlangst du das Verstehen eines Buddha. Schwer tatsächlich zu verstehen ist sie wie das wunscherfüllende Juwel. Du musst die Weisheiten von Zuhören, Nachdenken und Meditieren ausdauernd und ohne Nachlässigkeit praktizieren.«

Vers 13

»Dein eigener Geist ist die Wurzel aller Phänomene. Am Anfang deiner Praxis klingt das Wort ›Geist‹ ziemlich großartig. Woher kommt der Geist, wo hält er sich auf und wohin geht er? Von welcher Form und Farbe ist er? Indem du die Wurzel deines Geistes immer wieder erforschst, musst du wieder und wieder zu einem eindeutigen Verständnis seiner wahren Natur gelangen.«

Vers 14

»Was ›Geist‹ genannt wird, kann nicht als dieses oder jenes identifiziert werden. Er ist keine Entität, nichts Dingliches, und besitzt keine bestimmenden Merkmale. Wenn du ihn suchst, kannst du ihn nicht finden, denn er war und ist leer von allem Anbeginn, ohne substanzielle Essenz. Leer ist er jenseits aller Beschreibbarkeit, unberührt von Geburt, Tod, Kommen und Gehen. Er wird von keiner Ursache geschaffen und von keiner Bedingung zerstört. Er bleibt unberührt in Leerheit, frei von Zunahme oder Abnahme, von Entwicklung oder Verfall oder sonst irgendeiner Veränderung.«

Vers 15

»Frei von den vier begrenzenden Begriffen von Existenz, Nicht-Existenz, Sowohl-Existenz-als-auch-Nicht-Existenz und Weder-Existenz-noch-Nicht-Existenz, sowie von allen relativen Positionen, ist der Geist leer und nicht zusammengesetzt. Frei von Künstlichkeit bleibt Bewusstheit von allem Anbeginn an ohne Beeinträchtigung. Wenn dies erfahren wird, wird die jugendliche und frische Bewusstheit aus dem sie verdeckenden Gefäß freigelassen und du kannst dein eigenes Gesicht, die natürliche Seinsweise des unendlichen Gutseins (Samantabhadra) sehen.«

Vers 16

»Wenn dies nicht realisiert wird, verliert Bewusstheit ihre Kontinuität und wird dumm. Dies wird als die ›gleichzeitig aufkommende Unwissenheit‹ bezeichnet. Erscheinungen und Leerheit werden fälschlicherweise von einander geschieden und als getrennte Dinge erfahren. Gebunden durch die Fessel eines greifenden Subjekts und ergreifbaren Objekts, entwickelt sich die Unwissenheit des verdinglichenden Identifizierens.«

Vers 17

»Sowohl nicht-existente als auch existente Dinge werden als wirklich ergriffen und aufgefasst. Durch die Verwirrung einer Selbstidentifikation gebunden erfährst du ein Selbst, das dieses Ergreifen ins Werk setzt. Mit Vorstellungen von ›Ich‹ und ›Mich‹, die sich in deinem Bewusstseinsstrom entwickeln und zur Ursache von Anziehung und Ablehnung werden, entsteht die samsarische Aktivität der Verdunkelungen der fünf Geistesgifte von Dummheit, Abneigung, Anziehung, Stolz und Eifersucht. Aus einer einzigen Ursache entstehen viele andere Ursachen (also die ganze Komplexitat von Samsara).«

Vers 18

»Wenn du die Falschheit deiner Verwirrung erkennst, verweile ohne künstliche Hinzufügungen und ohne Anstrengung in der natürlichen Seinsweise (Dharmakaya).«

Vers 19

»Bleibe entspannt in der sich darbietenden Schau dieses Zustandes, ohne zu schwanken. Wenn du aber versuchst, dich zwanghaft darauf zu besinnen, dann wird die Erfahrung, dass der natürliche Zustand am eigenen Ort selbst-befreiend ist, schwerlich eintreten. Halte Besinnung und Gewahrsein im frischen Zustand eines natürlichen Geschehens, einem Zustand frei von starkem Festhaltenwollen.«

Vers 20

»Wenn du zur [Erkenntnis der] Falschheit deiner verwirrten Existenz erwachst, bist du ein Buddha, frei von Grund und Wurzel.«

Vers 21

»Es gibt keinen anderen Weg, als dich selbst zu verstehen. Indem du deinen eigenen Geist als Samantabhadra erkennst, wirst du dein eigenes Gesicht sehen. Wenn es nicht zu dieser direkten Erfahrung kommt, wirst du von falschen Gedanken verwirrt sein und dich mit jedwedem verwirrenden Gedanken, der auftaucht, identifizieren.«

Vers 22

»Indem man sich auf Begriffe wie ›Ich‹ und ›Mich‹ verlässt, werden alle Erscheinungen, seien sie äußerer Art (in der Welt), innerer Art (in unserem Geist), ruhend (Himmel, Erde) oder beweglich (Flüsse, Wasserfälle), schlicht alles, was erscheint, so wahrgenommen, als ob sie als wirkliche Dinge existierten. Jedes dieser Dinge wird dann benannt und etikettiert und seine Eigenschaften werden aufgezählt.«

Vers 23

»Was immer erscheint, wird für die Mannigfaltigkeit verschiedener Objekte gehalten. Diese werden dann bewertet und für wahrhaft existent gehalten. Fortwährend kommt es zu subtilen ebenso wie zu hartnäckigen Gedanken, und wir folgen allem, was immer in Erscheinung tritt und was immer wir erinnern.«

Vers 24

»Manche versuchen, sich Verwirrung nutzbar zu machen, um die Wurzel der Verwirrung durchzuschneiden. Sie glauben an die Exstenz dessen, was nicht existiert, und denken, dass ein Verstehen der Bedeutung eines Objekts sehr wichtig ist. Dies ist aber nicht der rechte Weg zu praktizieren, dies ist der Weg, die Fehler in deiner eigenen Meditation nicht zu erkennen.«

Vers 25

»Wenn Gedanken über die unwandelbare Natur aufsteigen, bleibe entspannt, ohne irgendetwas Künstliches zu tun. Der Geist selbst verweilt in seiner eigenen Natur, ganz gleich, was erscheint. Blicke nicht erwartungsvoll dem entgegen, was da kommen könnte, noch trachte danach, dem zu folgen, was bereits vergangen ist. Verweile in dem ewig-frischen Zustand der uranfänglich reinen gegenwärtigen Bewusstheit.«

Vers 26

»Der Fluss verwirrender Gedanken kann genauso wenig angehalten werden wie der Wind oder der Wasserfall in den Bergen. Bewahre daher gegenüber allem, was in Erscheinung tritt, den natürlichen Zustand offener Bewusstheit.«

Vers 27

»Wenn man frei von Verwirrung an seinem eigenen Ort zu verweilen vermag, dann ist es, als ob ein Fluss in den Ozean zurückfließen würde. Gedanken werden an ihrem eigenen Ort weniger und weniger, und so braucht man nicht nach schlauen Lösungen Ausschau zu halten.«

Vers 28

»Ohne Basis (Unwissenheit), bar jeder Wurzel (Kleshas) ist der natürliche Zustand aus sich selbst heraus leer. Klarheit und Leerheit sind als die ungekünstelte Qualität der Bewusstheit miteinander verschmolzen.«

Vers 29

»Wenn du dich an die Natur dessen hältst, was gerade erscheint, was immer es sei, dann erfährst du eine Entspannung, die frei von Festhalten ist. Ist dein Geist erst einmal beständig geworden, brauchst du dies nicht mit Meditation aufrechtzuerhalten. Bleibe frei davon, zu fördern oder zu behindern, frei von Stabilität oder Bewegung.«

Vers 30

»Im Augenblick ihres Auftauchens stützen sich Gedanken gegenseitig wie eine Kette von Freunden. Im Augenblick ihrer Auflösung lösen sie sich gleichermaßen in der Weite der Offenheit auf. Die letztendliche Natur aller Erscheinungen ist einfach dies.«

Vers 31

»Gehe nicht den trügerischen Erscheinungen nach, welche durch die sechs Sinne erscheinen. Ob bei Tag oder bei Nacht, ganz gleich, welchen Aktivitäten du nachgehst: Die Vorstellung von einem Handelnden und von einer Handlung ist nichts als verwirrende Täuschung, wie ein Traum oder ein magisches Kunststück.«

Vers 32

»Unternimm nichts, um Erscheinungen zu blockieren – sie sind bar jeder substanziellen Wirklichkeit. Was immer erscheint, bewahre eine Einstellung, die frei von Begrenzung ist, frei von Bewertung oder Vorurteil. Zu allen Zeiten und in allen Situationen bewahre den Zustand wacher Bewusstheit.«

Vers 33

»Lasse in deiner hellwachen Aufmerksamkeit nicht einmal für einen Augenblick nach. Es ist von vitaler Wichtigkeit, Nicht-Abgelenktsein, Nicht-Festhalten und Nicht-Vermeiden aufrechtzuerhalten.«

Vers 34

»Bewahre Leerheit und Mitgefühl, ohne Ablenkung und ohne Meditation, die etwas erstrebt. Stets frei von Bemühung und Anstrengung, kontempliere den Fluss meditativer Ausgeglichenheit und die anschließende Wirkung.«

Vers 35

»Diese Praxis ist die ersehnte essenzielle Bedeutung aller Klassen des Tantra, die vitale Essenz des Dharma. Sie ist die alles überragende Praxis aller Buddhas. Sie ist die alleinige, geheime Darlegung von Sichtweise, Meditation und Verhalten.«

Vers 36

»Die Glücklichen mit gutem Karma müssen diese Praxis ausführen, dann werden die guten Qualitäten der Stufen und Pfade sich entwickeln und zunehmen. Dies verkörpert die destillierte Quintessenz von Dzogchen. Sie wird den Glücklichen, die später kommen, ein Freund sein.«

Vers 37

»Ihr Beschützer der Schatzlehren müsst diese Unterweisungen gut bewachen. Ihr Gelübde-Haltenden müsst diese Lehren beschützen, als wären sie Euer Kind. Ihr werdet das Antlitz von Samantabhadra, die uranfängliche Reinheit eurer Bewusstheit, erblicken.«

Vers 38

»Es ist niemals angebracht, diese Unterweisung Gelehrten zu zeigen, die nach Vernunftgründen und akademischen Lorbeeren süchtig sind. Diese Lehren sind in Leerheit versiegelt. Weil sie sehr geheim sind, sind sie als der geheime Schatz der Dakinis bekannt.«

Verse 39 & 40

»Dies wurde für den mit Glück Begabten verborgen, der als Bendza Ming bekannt ist.«

»Dieser Text wurde von Nuden Dorje Drophan Lingpa am heiligen Ort von Kang Zang (Gangs bZang) im Norden Tibets offenbart. Er wurde am Pilgerort von Machig Labdrön am Zangri Kharmar (Zangs Ri mKhar dMar) niedergeschrieben.«

Fußnoten des Übersetzers

1 An dieser Stelle sei gleich eine Anmerkung des deutschen Übersetzers zur Phonetisierung von Sanskritwörtern und tibetischen Ausdrücken eingefügt. Es gibt in deutschsprachigen Übersetzungen buddhistischer – meistens der tibetischen Tradition entspringender – Texte verschiedene Stile, die sich kaum voneinander abgrenzen lassen. Würde ich meiner eigenen Neigung folgen, so würde ich eine Phonetisierung bevorzugen, die der deutschen Aussprache möglichst entgegenkommt, was aber den Gewohnheiten der meisten informierten Leser zuwiderläuft. Ich folge also dem an mich herangetragenen Wunsch, die in der englischsprachigen Literatur gängige Phonetisierung zu übernehmen, und so sind alle Laute in diesen Ausdrücken als Laute der englischen Sprache zu interpretieren. Zuerst Sanskritwörter: ›Vajrasattva‹ z.B. wird etwa durch ›Wadschrassattwa‹ wiedergegeben (als ›j‹ wie in ›dsch‹ in ›jeep‹; ›s‹ wie in ›Husten‹; ›v‹ wie das ›w‹ in ›Wagon‹; ›ch‹ wie ›tsch‹ z.B. in ›Ratsche‹). Dies gilt auch bei tibetischen Ausdrücken, wobei ich der Gewohnheit folge, Silbengruppen zu ›Wörtern‹ zusammenzufassen, wie etwa in ›Dzogchen‹ (deutsch ausgesprochen als ›Dzogtschenn‹) oder bei ›Rinpoche‹ (deutsch ›Rinnpotsché‹ mit Betonung auf der letzten Silbe). Bei der Aussprache tibetischer Wörter kommt das Problem hinzu, ob man sich eher an dem Lhasa-Dialekt orientiert, der mehr zur Umlautbildung neigt, oder mehr an osttibetischen Dialekten, die es weniger tun: ›Lhundrub‹ oder Lhündrub‹? Ein wenig Humor kommt in die Sache, wenn man dann einen Tibeter, egal welcher Herkunft, Texte sprechen hört, deren phonetische Transkription man in den Händen hält: Noch so großes Bemühen bringt uns nur in die allergröbste Nähe dessen, wie diese Wörter wirklich klingen.

2 Terma (*gTer*): Von Guru Padmasambhava für die Zukunft in verschiedensten Formen versteckt hinterlassene Lehren.

3 Ein buddhistischer Begriff, der sich auf jegliche der Empfindung fähige Form bezieht, also auf jede Form ›materiellen‹ Lebens (Menschen, Tiere) als auch auf alle anderen möglichen und denkbaren Formen der Empfindungsfähigkeit (›Geister‹, Dämonen, Götter, Höllenwesen etc.) Weitere Erklärungen zu den sechs Daseinsbereichen und zu Karma siehe Kapitel I in »Aus dem Handgepäck eines tibetischen Yogi« edition khordong im Wandel Verlag, Berlin 2013 (überarbeitet Neuausgabe), englische Ausgabe: ›Simply Being‹, London, 1994, überarbeitet 1998 und 2010.

4 Das Kunstwort Leerheit steht hier als spezifisch buddhistischer Begriff für *shunyata* und darf nicht mit dem negativen Begriff der Leere, des blanken Nichts, verwechselt werden.

5 Das ist das von mir bevorzugte Wort für ›presence‹ in diesem Kontext.

6 Konzept wird hier im Sinne mehr oder weniger stark zusammengesetzter begrifflicher Komplexe gebraucht. So kann auch ein einzelner Begriff als ein Konzept verstanden werden. Ein Konzept beinhaltet oft das sprachliche Element, muss es aber nicht; auch eine ›eingefrorene‹ Empfindung (etwa: ›Die Welt ist gefährlich‹) ist in diesem Sinne ein Konzept, das nicht notwendig sprachlich ausformuliert sein muss, um wirksam zu sein. Insbesondere weicht dieser Wortgebrauch von ‚Konzept' deutlich von der im Deutschen gewohnten Verwendung Konzept=Entwurf.

7 In dem Sinne, dass das Spiegelbild unsere rechte Gesichtshälfte auf seiner in seinem Bezugssystem linken Seite trägt.

8 Begierde, Stolz, Hass, Eifersucht und Dummheit.

9 Im wahrsten Sinne des Wortes: Die Sichtweise muss ›revidiert‹ werden …

10 »Aus dem Handgepäck eines tibetischen Yogi« edition khordong im Wandel Verlag, Berlin 2013, englische Ausgabe: ›Simply Being‹, London, 1994, 1998 und 2010.

11 Hier und überall sonst für alles, was erscheint, alle Phänomene – also nicht im Sinne außergewöhnlicher Phänomene!

12 Meine Übersetzung von ›attachments‹: Dinge, an denen wir hängen, die wir nicht loslassen können.

13 Hier für das englische Wort ›ignorance‹, welches sowohl Nicht-wissen als auch Nicht-wissen-wollen umfasst.

14 Repräsentation (Stellvertreter, Darstellung) ist alles, was für etwas anderes steht; so sind z.B. Symbole Repräsentationen für komplexere Begriffe.

15 Will man etwas wissenschaftlich und ›objektiv‹ untersuchen, so muss man die Situation so einfach wie möglich halten und die Zahl der Veränderlichen (›Variablen‹) so klein halten, dass man den Einfluss ihrer Veränderung noch nachvollziehen kann.

16 Die zwölf Glieder der Entstehung in wechselseitiger Abhängigkeit.

17 Es muss wohl an dieser Stelle gesagt werden, dass es für dieses Begriffspaar ›I and me‹ keine exakt parallele Begriffsbildung im Deutschen gibt, und so werden ›Ich und Mich‹ hier nur mehr symbolisch gebraucht; im englischen scheint ›I‹ mehr das ›Ich‹ als Subjekt und ›me‹ das ›Ich‹ als Objekt zu bedeuten, was im Deutschen zwar zum Teil, aber nicht völlig mit dem Gebrauch von ›Ich‹ und ›Mich‹ abgedeckt wird.

18 In dem Sinne, in welchem diese Begriffe in der Psychotherapie verwendet werden.

Nachwort des Übersetzers

Es ist mir eine Freude, die deutsche Übersetzung von ›Being Right Here‹ vorzulegen. Seit ich die Möglichkeit hatte, Vorträge von James Low ins Deutsche zu übersetzen, dachte ich immer wieder: Diese druckreif gesprochenen Vorträge müssten angemessen – und das heißt in Buchform – übersetzt werden! Und jetzt wird dieser Wunsch wahr, nämlich einen Text herauszugeben, den ich schon als ›Live-Ereignis‹ mündlich übersetzte, mit dem ich also auf vielerlei Weise durch erlebte Situationen verbunden bin.

Zu dem Text brauche ich gewiss nichts zu sagen; sowohl der tibetische ›Wurzeltext‹, dessen erste deutsche Übersetzung ich auf Wunsch von Chimed Rigdzin Rinpoche angefertigt hatte, als auch der Kommentar von James Low sprechen für sich selbst.

Zu sagen ist einiges über den Übersetzungsstil. Obwohl bisher nicht viel davon veröffentlicht wurde, blicke ich auf eine längere Zusammenarbeit an Vortragstexten mit James Low zurück. In vielen, zum Teil langen Gesprächen konnte ich einiges über seinen Sprachgebrauch, seinen Humor und über die aus reichen Quellen schöpfende Vernetztheit seiner Ideen lernen. Dies alles fließt in diese Arbeit ein.

Ein Leitgedanke war für mich die Tatsache, dass dieser Text bei aller redaktionellen Arbeit ein mündlich vorgetragener Text war, und dass die Spontaneität des mündlichen Stils weitgehend erhalten bleiben sollte – allerdings nicht auf Kosten der Klarheit. Und so musste ich mich manchmal von der ›wörtlichen‹ Wiedergabe (was man von dieser halten kann, wurde sehr schön von Ortega y Gasset in seinem Essay über das Übersetzen beleuchtet) lösen und nach Lösungen suchen, die der deutschen Sprache und der Lesesituation gerecht würden, der Begegnung mit dem gesprochenen Text ohne die Begegnung mit dem Sprecher. Ich hoffe, dass dieser Balanceakt einigermaßen gelungen ist.

Einige haben tatkräftig zu dieser Arbeit beigetragen: Karin Jaroslawski, mit der ich schon über zwei Jahrzehnte an Übersetzungen zusammenarbeite; Anna Müller-Nilsson mit ihrem zielsicheren Gespür für die deutsche Sprache; Thomas Gern, der seit unvordenklichen Zeiten die Bedeutung von Begriffen auslotet; sie alle haben mit mir zusammen an der Erstkorrektur gearbeitet. Die Zweitkorrektur las und diskutierte mit mir Michael Hug, der stets ein sicheres Gespür für Grammatik und Präzision zeigte. Ihnen allen gebührt mein herzlichster Dank, denn ohne diese Hilfe wäre diese Arbeit nicht möglich geworden.

Möge diese Arbeit allen, die an dem authentischen Weg des Dzogchen interessiert sind, nützlich sein.

Robert Jaroslawski, 3.3.2005 in den strahlend weißen Schneehügeln von Sölden bei Freiburg.

Nachtrag zur 2. Auflage, 2018:

Ich bin glücklich die Möglichkeit zu haben, anlässlich der 2. Auflage die Übersetzung nochmals leicht überarbeiten zu dürfen. Dabei war mein Anliegen stets die höchstmögliche Genauigkeit und eine Verbesserung des Leseflusses. Bei dieser Gelegenheit hoffe ich auch, an einigen Stellen Formulierungen gefunden zu haben, die eine gewisse sprachliche Mehrdeutigkeit oder auch Schwerfälligkeit des früheren Textes vermeiden.

Sprache, auch die Sprache, derer wir uns bedienen, ist keine fixierte Größe, sie wandelt sich mit unserer eigenen Entwicklung und Erfahrung – wozu für mich sicherlich der fruchtbare fortgesetzte Dialog mit James Low stark beiträgt, dem ich an dieser Stelle für seine unermüdliche Geduld danken möchte.

Auch Andreas Ruft möchte ich dafür danken, mir so großzügig eine Möglichkeit der Überarbeitung anzubieten, die für ihn sicherlich mehr editorische Arbeit nach sich zieht. So hoffe und wünsche ich, dass unsere wunderbare gemeinsame Arbeit zu einer Verbesserung des deutschen Textes geführt hat.

Möge daraus eine gute und authentische Praxis entspringen!

Robert Jaroslawski, d. 2.8.2018 in den sommerlichen Hügeln von Baerenthal, Frankreich.

Weitere Lektüre

Es gibt mitlerweile viele wichtige Texte über *Dzogchen* in englischer und z.T., auch in deutscher Übersetzung. Hier einige Vorschläge, die einen weiten Bereich an Stilen und Perioden abdecken.

The Golden Letters, The Tibetan Teachings of Garab Dorje, First Dzogchen Master, übersetzt und herausgegeben von John Reynolds; Vorwort von Namkhai Norbu, 389 Seiten, Snow Lion Publications, 1996, ISBN 1559391294

The Practice of Dzogchen, von Longchen Rabjam, Einführung und Übersetzung von Tulku Thondup, 488 S., Snow Lion Publications, 2002, ISBN 1559391790. In Deutsch: **Buddha-Natur – Dzogchen in der Praxis**, Opus Verlag, 2012

The Philosophical View of the Great Perfection in the Tibetan Bon Religion, von Donatella Rossi, 315 Seiten, Snow Lion Publications, 1999, ISBN 1559391294

Natural Great Perfection, Dzogchen Teachings and Vajra Songs von Nyoshul Khenpo Rinpoche, übersetzt und herausgegeben von Lama Surya Das, 150 S., Snow Lion Publications, 1995, ISBN 1559390492

Primordial Experience, An Introduction to rDzogs-chen Meditation von Manjushrimitra, übersetzt von Namkhai Norbu und Kennard Lipman, 192 S., Shambhala Publications, 1987, ISBN 157062898X

Rigbai Kujyug – The Six Vajra Verses, An Oral Commentary von Namkhai Norbu Rinpoche, herausgegeben von Cheh-Ngee Goh, 136 Seiten, Rinchen Editions Pte. Ltd, Singapore, 1990, ISBN 981-00-1610-7

The Supreme Source: The Fundamental Tantra of Dzogchen Semde, von Chogyal Namkhai Norbu und Adriano Clemente, 325 Seiten, Snow Lion Publications, 1999, ISBN 1559391200

The Precious Treasure of the Way of Abiding, von Longchen Rabjam (Longchenpa), 318 Seiten, Padma Publishing, 1998, ISBN 1881847098

Simply Being: Texts in the Dzogchen Tradition, von Chetsangpa, Patrul Rinpoche, Chimed Rigdzin Lama, Rigdzin Godem, Nuden Dorje, Padmasambhava, Einführung und Übersetzung von James Low, 175 Seiten, Vajra Press, 1998, ISBN 0 9532845 0 6
Dieser Titel liegt auch in deutscher Übersetzung vor: **Aus dem Handgepäck eines tibetischen Yogi, Grundlegende Texte der Dzogchen Tradition.** edition khordong, Wandel Verlag, Berlin 2013, ISBN: 978-3-942380-17-1

Khordong Commentary Series:

I MARTIN J. BOORD. *A Bolt Of Lightning From The Blue, The vast commentary on Vajrakīla that clearly defines the essential points.* edition khordong. Berlin, 2002. reprint: edition khordong, Wandel Verlag. Berlin, 2010

II JAMES LOW. *Being Right Here, Commentary on The Mirror of Clear Meaning by Nuden Dorje*. Snow Lion. N. Y. & Colorado, 2004

II.dt – *Hier und Jetzt Sein. Ein Kommentar zu „Don Sal Melong" – „Der Spiegel der klaren Bedeutung", ein Dzogchen-Schatztext von Nuden Dorje*. Edition Mandarava. Gutenstein, 2005; überarbeitet: edition khordong, Wandel Verlag, Berlin, 2018

II.pl – *Być tu i teraz*. wydawnictwo A. Kraków, 2005

II.it – *Esserci, Un commento a »Lo specchio del chiaro significato.«* Ubaldini Editore. Roma, 2005

II.fr – *Le Miroir au Sens Limpide*. Éditions Almora, 2009

II.es – *Aquí y ahora*. Ediciones Dharma, España, 2011

III JAMES LOW. *Being Guru Rinpoche, Commentary on Nuden Dorje's Terma: The Vidyadhara Guru Sadhana*. Trafford. Canada, 2006

III.pl – *Być Guru Rinpocze*. Wydawnictwo Norbu. 2006

III.dt – *Eins mit Guru Rinpoche*. edition khordong. Berlin, 2007. reprint: edition khordong, Wandel Verlag. Berlin, 2012

III.fr – *Dans le Mandala de Padmasambhava*. Editions Khordong.France. Lyon, 2008

IV TULKU TSULTRIM ZANGPO (TULKU TSURLO). *The Five Nails – A Commentary on the Northern Treasures Accumulation Praxis.* edition khordong, Wandel Verlag. Berlin, 2011

IV.dt – *Die Fünf Nägel – Ein Kommentar zu den Vorbereitenden Übungen der Nördlichen Schätze*. edition khordong, Wandel Verlag. Berlin, 2011

V RIG-'DZIN RDO-RJE (MARTIN J. BOORD). *A Roll of Thunder from the Void, Vajrakīla Texts of the Northern Treasures Tradition, Volume Two.* edition khordong, Wandel Verlag. Berlin, 2010

VI CHIMED RIGDZIN RINPOCHE, JAMES LOW. *Radiant Aspiration, The Butterlamp Prayer: Lamp of Aspiration*. Simply Being. London, 2011

VI.dt – *Lichter der Weisheit, Das Butterlampen-Wunschgebet von Chhimed Rigdzin Rinpoche. Mit einem Kommentar von James Low.* edition khordong, Wandel Verlag, 2014

VII.tib TULKU TSULTRIM ZANGPO (TULKU TSURLO). *Boundless Vision. A Byangter Manual on Dzogchen Training. An Outline Commentary on the Boundless Vision of Universal Goodness (Kun bZang dGongs Pa Zang Thal).* Tibetischer Text. edition khordong, Wandel V. Berlin, 2012

VIII RIG-'DZIN RDO-RJE (MARTIN J. BOORD). *Illuminating Sunshine, Buddhist funeral rituals of Avalokiteśvara.* edition khordong, Wandel Verlag. Berlin, 2012

IX.dt JAMES LOW. *Zuhause im Spiel der Wirklichkeit, Ein Kommentar zum Dzogchen Schatztext »Unmittelbares Aufzeigen der Buddhaschaft jenseits aller Klassifizierung« von Nuden Dorje.* edition khordong, Wandel Verlag. Berlin, 2012

X RIG-'DZIN RDO-RJE (MARTIN J. BOORD). *Gathering the Elements, Vajrakīla Texts of the Northern Treasures Tradition, Volume One.* edition khordong, Wandel Verlag. Berlin, 2013

XI RIGZIN PEMA TINLEY / KHENPO CHOWANG / MARTIN BOORD. *The Path of Secret Mantra: Teachings of the Northern Treasures Five Nails. Pema Tinley's guide to vajrayāna practice.* edition khordong, Wandel Verlag. Berlin, 2014

XII RIG-'DZIN RDO-RJE (MARTIN J. BOORD). *A Blaze of Fire in the Dark, Homa ritues of Vajrakīla. Vajrakīla Texts of the Northern Treasures Tradition, Volume Three.* edition khordong, Wandel Verlag. Berlin 2015

XII – *A Cloudburst of Blessings, The water initiation and other rites of empowerment for the practice of the Northern Treasures Vajrakīla, Vajrakīla Texts of the Northern Treasures Tradition, Volume Four.* edition khordong, Wandel Verlag. 2017

Andere Titel

Die Geheimen Dakini-Lehren, Padmasambhavas mündliche Unterweisungen der Prinzessin Tsogyal, Ein Juwel der Tibetischen Weisheitsliteratur. Überarbeitete Neuausgabe. edition khordong, Wandel Verlag. Berlin, 2011

TULKU THONDUP. *Die verborgenen Schätze Tibets, Eine Erklärung der Termatradition der Nyingmaschule des Buddhismus.* Überarbeitete Neuausgabe. edition khordong, Wandel Verlag. Berlin, 2013

The Seven Chapters of Prayer, as taught by Padma Sambhava of Urgyen, known in Tibetan as Le'u bDun Ma. Translated by CHHIMED RIGDZIN RINPOCHE & JAMES LOW. *With an introduction by James Low.* Practice texts. edition khordong. Berlin, 2008.
reprint: Wandel Verlag. Berlin, 2010

Das Gebet in sieben Kapiteln gelehrt von Padmasambhava (Le'u bDun Ma), editiert von Chhimed Rigdzin Rinpoche. Übersetzt aus dem tibetischen von CHHIMED RIGDZIN RINPOCHE & JAMES LOW. Übertragung ins Deutsche von Jomo Gudrun & Camel Chhimed Wangpo. Praxistext. edition khordong. Berlin, 2008 / Wandel Verlag, 2010

Die Fünf Nägel, Die vorbereitenden Übungen der Nördlichen Schätze. Überarbeiteter und ergänzter Praxistext. edition khordong, Wandel Verlag. Berlin, 2013

JAMES LOW. *Aus dem Handgepäck eines Tibetischen Yogi – Grundlegende Texte der Dzogchen-Tradition.* Überarbeitete Neuausgabe. edition khordong, Wandel Verlag. Berlin, 2013

KEITH DOWMAN. *Der Flug des Garuda, Fünf Dzogchen-Texte aus dem tibetischen Buddhismus.* Erweiterte & überarbeitete Neuausgabe. edition khordong, Wandel Verlag. Berlin, 2015

DUDJOM RINPOCHE. *Die Klausur auf dem Berge, Dzogchen-Lehren und Kommentare.* Erweiterte & überarbeitete Neuausgabe. edition khordong, Wandel Verlag. Berlin, 2016

JAMES LOW. *Gesammelte Schriften von Chimed Rigdzin Rinpoche (C.R. Lama), Zusammengestellt und herausgegeben von James Low.* edition khordong, Wandel Verlag. Berlin, 2016

DUDJOM LINGPA. *Buddhaschaft ohne Meditation. Eine visionäre Beschreibung, bekannt als »Verfeinerung der eigenen Wahrnehmung« (Nang-jang).* edition khordong, Wandel Verlag. Berlin, 2018

In Vorbereitung

Chögyam Trungpa. *Das Herz des Buddha. Buddhistische Lebenspraxis im modernen Alltagsleben.* Überarbeitete Neuauflage

Die Sadhana von Chenresig, der alle Wesen befreit, Drowa Kundrol, die äußere Praxis des Drubkor Namsum, Terma von Rigdzin Godem (*'Gro Ba Kun Grol*). Praxistext

The Sadhana of Chenresig, the being who liberates all beings, the outer ritual of the Drubkor Namsum cycle, ter of Rigdzin Godem (*'Gro Ba Kun Grol*). Practice text

The Five Nails, the accumulation praxis of the Northern Treasures. Practice text. Überarbeitet und ergänzt

Vajrakila Texts of the Northern Treasures Tradition by Rig-'dzin rdo-rje (Martin J. Boord)

Volume 5: *An Overwhelming Hurricane*
Averting disaster and turning back obstacles for the benefit of a wider world. *forthcoming*

Volume 6: *A Fortress of Solid Rock*
Completing the accumulation of the essential life force and consolidating all the elements of the tradition in order to remain firm in one's *samādhi. forthcoming*

James Low leitet in Europa regelmäßig Dzogchen-Seminare.
Hier erhält man nähere Auskünfte zu seinen weiteren Retreats:
www.wandel-verlag.de & www.simple-being.co.uk

ISBN 978-3-942380-25-6

9 783942 380256

Blue Planet Certificate · Naturfund

BPC-105WN